80 HOMMES POUR CHANGER LE MONDE

www.editions-jclattes.fr

Sylvain Darnil – Mathieu Le Roux

80 HOMMES POUR CHANGER LE MONDE

Entreprendre pour la planète

JC Lattès

17, rue Jacob 75006 Paris

Première édition avril 2005.

À Anthony et Erwin qui nous ont quittés.
À Thomas et Roxane qui viennent juste d'arriver...

« Il n'y a pas de fatalité. Le monde de demain sera ce que nous en ferons. Un monde d'harmonie et d'équilibre entre les hommes et avec la nature. Ces entrepreneurs engagés en sont les précurseurs et nous offrent une vision d'espoir et d'optimisme...

Vivement demain ! »

François Lemarchand,
fondateur et président de Natures & Découvertes.

« Face aux besoins urgents d'inventer une cohabitation plus harmonieuse avec notre environnement afin d'offrir à nos enfants "une planète vivante", ce tour du monde à la rencontre de personnalités qui se sont personnellement engagées à faire évoluer la société démontre que Théodore Monod avait raison : "l'utopie est simplement ce qui n'a pas encore été essayé". Puisse ce beau livre, réalisé avec passion et dévouement, être la source foisonnante d'inspirations et d'engagements. »

Cédric du Monceau,
directeur général du WWF France.

« Le développement durable est-il un rêve, ou un idéal lointain ? Ce tour du monde passionnant, à la rencontre d'entrepreneurs pionniers, nous montre que c'est bien une réalité d'aujourd'hui, riche d'espoirs pour demain. »

Bertrand Collomb,
président de Lafarge.

Sommaire

III. L'Amérique du Nord

IV. L'Amérique du Sud et l'Afrique

« L'écologie est une magnifique occasion, peut-être même l'ultime occasion, de redonner du sens au progrès. Les femmes et les hommes rencontrés par les auteurs de ce livre peuvent largement y contribuer. »
Nicolas Hulot

Préface de Maximilien Rouer

Je suis né dans un monde assez simple. En 1972, il y avait les « bons » et les « méchants », qui pouvaient être les communistes ou les autres, selon qui parlait... La division était incontournable, et libre à chacun de choisir son camp. Aujourd'hui, se définir est plus complexe. Si certains jeunes se complaisent dans les références d'hier, d'autres tentent de se construire en fonction des nouveaux enjeux réels et globaux : dérèglement climatique, corruption, lutte contre la pauvreté, manque d'eau, atteinte à la biodiversité...

Ce livre leur est consacré.

Toujours plus nombreux, ces jeunes ne se reconnaissent pas dans les modèles du passé, qu'ils considèrent inadaptés à leur réalité. À l'inverse de la génération 68, qui reste la référence en matière d'alternative idéologique, cette génération est apparemment intégrée, plutôt diplômée et de milieux sociaux favorisés. Ses membres adoptent des codes vestimentaires et linguistiques identiques à ceux de leurs voisins plus « classiques ». Mais leur comportement n'est *normal* qu'en apparence. Ils rechignent à suivre le parcours de leurs parents, leurs carrières dans une grande entreprise, avec confort et grosse voiture. Et pourtant, ils travaillent dur. Ils ont rarement la carte d'un parti politique, et pourtant sont engagés jusqu'au cou dans l'émergence d'une nouvelle vison du monde. Ils dénoncent l'approche soixante-huitarde pour son inefficacité, et ne peuvent concevoir leur engagement autrement que comme contributif à la société, d'une façon concrète, efficace et mesurable.

Mathieu et Sylvain sont, à mon sens, de ceux-là. Ils sont venus me trouver en septembre 2002 avec deux attributs distincts. Le premier fait le bouquet de tout jeune diplômé : de l'énergie, de la volonté, de l'ambition. Le second m'a convaincu de m'engager auprès d'eux. Leur projet est un pur fruit de cette nouvelle forme d'engagement : un état d'esprit associant idéalisme et pragmatisme. Une volonté de résultat et d'impact, *mais pas* dans n'importe quelle direction.

L'entreprise que j'ai participé à fonder, BeCitizen, a été pensée comme un outil pour infléchir, par ses activités, les sociétés vers un développement plus durable. La vingtaine de collaborateurs qui m'entourent aujourd'hui partagent tous un même souci de résultat concret, pour un impact global positif. Sans être encore vraiment connue, BeCitizen reçoit déjà plusieurs dizaines de cv par semaine. Des jeunes ultra-diplômés, certains débutants et d'autres plus expérimentés, qui hier auraient postulé dans les plus grands groupes, et aujourd'hui rejettent ces structures pour leur manque de sens, ou ne les conçoivent que comme un passage obligé pour rendre efficace leur engagement suivant... Ils privilégient le sens de l'action au statut de la fonction. Ils veulent désormais réussir leur vie plutôt que « dans la vie ».

Peut-être ces jeunes ont-ils aujourd'hui conscience de leurs conditions de privilégiés, en tant que riches (appartenant au sixième de la planète consommant 80 % des ressources mondiales), éduqués et libres (citoyens d'un État de droit et démocratique). Ils perçoivent que cette situation confortable les rend responsables face à ceux qui ne bénéficient pas de ces avantages. En effet, concernant les cinq sixièmes restant : Comment penser à l'avenir quand le quotidien n'est pas assuré ? Quand l'absence d'éducation exclut ? Quand même penser est un délit ?

La révolution Internet accentue cette prise de conscience générationnelle. Polyglotte et connectée, cette génération se sent plus que jamais reliée à la planète entière. La baisse récente des coûts de transport lui a permis, à vingt-cinq ans, de voyager – et donc d'observer – davantage que la génération précédente en toute une vie. Confrontant ses préoccupations à celles de l'autre, elle est plus que jamais consciente des enjeux sociaux et environnementaux auxquelles elle devra, rapidement, trouver des réponses. De plus en plus de jeunes se savent coresponsables de leur avenir commun – « embarqués dans le même bateau » – et cherchent à agir. En outre, ils ont conscience que l'État ne permet plus *seul* de répondre à ces nouveaux enjeux. Pour ma part, j'avais seize ans en 1988, et je reste marqué à vie par le décalage entre la crise du sang contaminé et la lenteur politique à y faire face. Je suis depuis convaincu que la complexité des nouvelles crises rend caduque toute tentative de résolutions exclusivement venue d'en haut, et pousse au contraire à leur résolution par l'implication de tous. Cette nouvelle génération se prend en charge, ayant réalisé précocement que nos aînés ont trop à faire pour maintenir leurs privilèges. Eux veulent s'occuper du monde dans lequel vont vivre leurs enfants. C'est pourquoi, collectivement, nous devons contribuer à inventer et adopter des solutions innovantes pour répondre aux nouveaux défis sociaux et environnementaux, et ce en tant que citoyen, actionnaire, consommateur, institutionnel, militant et entrepreneur.

C'est ce que Sylvain et Mathieu ont décidé de nous prouver en partant autour du monde à la rencontre d'hommes et de femmes qui agissent, inventent, sensibilisent, créent, informent, construisent des solutions viables. Les personnages présentés ici sont des passionnés, des entrepreneurs qui ont pris conscience des enjeux et décidé de ne pas subir, mais d'agir. Ce livre est un message d'optimisme qui prouve par l'exemple qu'il est possible d'imaginer des solutions différentes et aussi efficaces, aussi confortables, aussi rentables – et tellement plus durables, plus respectueuses de l'homme et de son environnement.

Puisse-t-il vous convaincre qu'un autre monde est possible, et vous inciter à agir dans ce sens, en vous inspirant des solutions décrites ici mais surtout en commençant à imaginer les vôtres...

Maximilien Rouer,
fondateur et président de BeCitizen[1]

---

1. BeCitizen a pour activités le conseil stratégique aux entreprises, la sensibilisation, l'information et l'éducation du grand public aux enjeux de développement durable. Elle propose des solutions de changement réalistes aux décideurs et leaders d'opinion, finance de la recherche prospective, et dispense des formations aux nouveaux enjeux. Les fondateurs de BeCitizen ont conçu cette entreprise indépendante comme un levier d'action pour améliorer le modèle de développement actuel. Leur objectif est d'agir dans les domaines où leur action a un impact significatif.

« Les problèmes du monde ne peuvent être résolus par des sceptiques ou des cyniques dont les horizons se limitent aux réalités évidentes. Nous avons besoin d'hommes capables d'imaginer ce qui n'a jamais existé. »

John F. Kennedy

Introduction

Une rencontre. Une de celles qui comptent. La vie n'est d'ailleurs qu'une succession de rencontres qui nous font évoluer, avancer et imaginer ensemble les projets les plus fous. L'histoire de ma rencontre avec Mathieu est d'abord celle de deux jeunes diplômés d'écoles de commerce, expatriés au Brésil pour une coopération d'un an et demi. Lancés dans le bain de la vie active à vingt deux et vingt-cinq ans, nous travaillons tous les deux dans des entreprises françaises à São Paulo, la capitale économique du pays, la ville la plus peuplée d'Amérique du Sud. Invités par un ami commun, nous nous retrouvons attablés un soir d'octobre 2001, l'un en face de l'autre, dans une « churrascaria », un de ces temples de la gastronomie brésilienne où l'on déguste la meilleure viande du monde à petit budget. Le courant passe tout de suite. Nous évoquons pendant trois heures nos projets de voyages au Brésil pour les mois qui viennent, notre soif de découvertes et nos rêves d'ailleurs. Tout cela dans une ambiance exotique et arrosée de caïpirinha, la boisson nationale.

Dès le lendemain, nous déjeunons de nouveau ensemble et la discussion est aussi animée. J'évoque ma volonté de faire un long voyage autour du monde à la fin de mon contrat. Mathieu m'écoute, il n'en perd pas une miette. Alors que je ne le connais que depuis quelques heures, je me dis que ce rêve que j'ai depuis l'âge de quinze ans, je le réaliserai peut-être avec lui. Drôle d'intuition. Et puis cette idée s'envole, elle ne me reviendra que dix mois plus tard...

Sylvain

Je suis en colocation avec Sylvain depuis janvier 2002 et nous avons fait les quatre cents coups ensemble. Des plages de Rio de Janeiro au carnaval de Salvador de Bahia, des mines d'or d'Ouro Preto aux marécages du Pantanal, nous utilisons notre temps libre et nos ressources à parcourir le pays. Une solide amitié s'est forgée. À quelques mois de la fin de nos contrats respectifs, la perspective de rentrer en France ne nous enchante guère. Lorsque j'ai eu l'opportunité de partir travailler au Brésil, tout était pour moi à découvrir, je ne parlais pas la langue et c'était même la première fois que je franchissais l'équateur. Mais après un an et demi d'immersion dans cette culture si attachante je n'étais rassasié ni de rencontres, ni de découvertes. Nous souhaitions encore frotter nos esprits à toutes les différences que notre planète peut offrir. Nos grands-parents n'auraient jamais pu faire ce que nous comptons faire, et je ne veux pas attendre moi-même d'être grand-père pour me dire que j'aurais dû.

Un soir de septembre 2002, la décision est prise : nous partirons en périple autour du monde. Après dix-huit mois au Brésil, nous ne sommes ni en manque de soleil, ni de plages et ne cherchons pas dans ce voyage un moyen de décompresser ou de fuir. Ce qui nous attire dans l'idée de parcourir le monde, c'est surtout de rencontrer des personnalités extraordinaires, qui sont allées jusqu'au bout de leurs rêves. À l'heure où nos décisions tracent le sillon de nos vies, nous cherchons l'inspiration dans ces exemples de vies réussies. Parcourir le monde et inventer un moyen de rencontrer ses héros. Nous réaliserons deux rêves à la fois.

Mathieu

Mais qui sont nos héros ? Quelles sont les personnalités qui nous inspirent ? Coïncidence ou pas, nous venons juste de terminer la lecture de l'autobiographie de Muhammad Yunus. Ce professeur bangladais d'économie y raconte son exceptionnel parcours. Il est le créateur du concept de micro-crédit, et a fondé la première « banque des pauvres », la Grameen Bank. Considéré par beaucoup comme la plus grande innovation du XXe siècle en matière de lutte contre la pauvreté, le micro-crédit consiste à prêter des sommes aux plus pauvres, exclus du crédit traditionnel, afin qu'ils amorcent une petite activité économique [1]. En outre, fait essentiel à nos yeux, cette « banque des pauvres » est une entreprise parfaitement rentable. Muhammad Yunus est totalement indépendant, verse les mêmes salaires à ses employés que la moyenne du secteur bancaire traditionnel et utilise ses bénéfices, non pas pour payer ses actionnaires, mais pour se développer et toucher toujours plus de « clients ».

L'exemple nous sidère. Après des années d'études où des centaines de cas d'entreprises viennent nous éclairer sur les rouages de la finance, de la vente, du marketing ou de la gestion, nous n'en avions jamais entendu parler. Un rapide sondage parmi nos proches nous confirme que personne ou presque ne connaît l'existence de ce modèle d'entreprise alternative, sorte de mélange entre une orga-

1. Lire son portrait dans l'ouvrage page 101.

nisation non gouvernementale (ONG) et une entreprise traditionnelle. Muhammad Yunus incarne d'abord pour nous l'idéal hybride entre un entrepreneur créateur de richesse et un activiste militant, capable d'agir efficacement, en cohérence avec ses convictions. Il n'est évidemment pas un requin de la finance prêt à tous les coups tordus pour optimiser le profit, ni un héros du désintéressement dont la vie est un sacrifice permanent pour une cause. Hasard de la vie, nous découvririons deux ans plus tard que l'éditeur Laurent Laffont qui nous contacte pour écrire ce livre est celui qui, le premier, a suggéré à Muhammad Yunus d'écrire une autobiographie. Imaginez notre surprise et notre enthousiasme à l'idée de nous retrouver publiés dans la même collection...

Le premier pari de notre aventure est de croire qu'il existe des centaines de Muhammad Yunus sur cette planète. Médiatiser leurs actions et leurs vies peut réconcilier les déçus de tout bord avec l'engagement, la prise d'initiative et l'envie de créer. Ces « alter-entrepreneurs », comme nous les avons appelés, ne défilent pas pour réclamer le changement, ils incarnent le changement, ils le provoquent. Au lieu de chercher les coupables, ils inventent les remèdes. Pragmatiques, ils imaginent et mettent en œuvre des solutions concrètes, duplicables et pérennes aux grands défis de société. Ne jouant pas les prophètes du malheur, ils restent conscients des problèmes et des impasses, mais promeuvent avec optimisme des solutions alternatives. Leur approche est pratique avant d'être théorique. Et, sans se sacrifier à la bonne cause, ils s'intéressent aux résultats de leurs actions sur les plans économiques, écologiques et sociaux. Si leurs entreprises sont profitables, elles n'existent pas pour le profit. Être rentable pour une entreprise, c'est comme s'oxygéner pour un être humain : « Il faut respirer pour vivre et non pas vivre pour respirer. » Et ne vous y trompez pas, les entreprises que nous avons observées ne sont pas pour autant d'une dimension anecdotique. Certaines sont des géants nationaux voire mondiaux qui rivalisent avec les acteurs traditionnels. Alors laissez-vous surprendre !

Le titre de notre aventure sort d'une nuit sans sommeil de Mathieu : « Le Tour du Monde en 80 Hommes ». Quatre-vingts hommes et femmes porteurs de sens et de solutions d'avenir. Le chiffre nous donne un peu le vertige. Parviendra-t-on à en trouver et en rencontrer autant ? Organiser quatre-vingts rencontres autour du globe en un peu plus d'un an de voyage, soit une rencontre tous les quatre jours, ça ne manque pas d'ambition. Mais il paraît que la chance sourit aux audacieux... Partons sur les traces de tous les entrepreneurs engagés, les banquiers, les architectes, les agriculteurs, les industriels, les politiques, les médecins, les économistes ou les négociants. Prouvons que pour chaque métier, il existe des alternatives innovantes qui permettent de répondre aux enjeux que le XXIe siècle nous présente...

Notre démarche est celle de journalistes en recherche d'information positive. Nous traquerons les modèles qui redonnent espoir pour lutter contre la sinistrose ambiante. Focaliser son attention sur les catastrophes, les accidents ou les conflits rend dépressif à très court terme. Nous irons chercher et raconter la vie de ceux qui, dès maintenant, inventent des solutions et les développent !

Les projets que nous avons identifiés et étudiés s'inscrivent dans le cadre du développement durable. Cette notion, apparue en 1987 à l'ONU, a été élaborée par la commission Brundtland, du nom de l'ancien Premier ministre norvégien. Elle se définit comme « un développement qui répond au besoin du présent, à commencer par ceux des plus démunis, sans compromettre la capacité des générations futures à répondre aux leurs ». Mais s'il est difficile de s'opposer aux intuitions que la formule véhicule, il est presque aussi ardu de les traduire en programme d'actions concrètes. Et, comme nous, Français, avons souvent tendance à le faire, à trop s'intéresser au débat intellectuel des idées, on finit par s'épuiser au moment de passer à l'action.

Personne ne conteste qu'il faille s'attaquer aux pollutions, à l'extrême pauvreté, au réchauffement climatique, aux grandes épidémies, à l'accumulation des déchets afin de laisser aux générations futures une planète plus saine et plus juste que celle que nous avons trouvée. Mais la tâche paraît tellement colossale que la réaction classique est celle qui consiste à ne rien faire. Alors incarnons le développement durable dans des exemples de réussite, dans une somme d'innovations judicieuses pour la planète. Montrons que si la route est longue, certains l'ont déjà entamée. Donnons à tous l'envie de les suivre !

Les personnalités dont nous ferons le portrait contribuent à construire un monde durable au regard de différents défis. Certains œuvrent pour une société plus équitable en s'attaquant aux déséquilibres sociaux de la pauvreté, du manque d'éducation, de l'accès aux soins ou du fossé numérique[1]. D'autres concentrent leurs efforts à changer notre modèle de développement vers une société plus en harmonie avec son environnement. Ils agissent à leur échelle pour enrayer le changement climatique, l'épuisement des ressources non renouvelables, pour protéger les espèces menacées, pour lutter contre l'accumulation de déchets ou les pollutions liées à l'abus de pesticides. Ils cherchent à bâtir un monde meilleur comme n'importe quelle association caritative, mais en utilisant des méthodes d'entreprises qui assurent pérennité, efficacité et impact.

Notre parti pris de narration va au-delà de la description formelle des projets sélectionnés. Nous cherchons aussi à comprendre la vie de celles et ceux qui les portent.

---

1. Le fossé numérique est l'expression évoquant les inégalités croissantes en matière d'accès à l'outil informatique.

Un déclic les a-t-il décidés, du jour au lendemain, à agir autrement et à entreprendre ces projets étonnants ? Est-ce plutôt l'aboutissement d'un cheminement intérieur plus lent et plus réfléchi ? Par qui ont-ils été marqués, quels ont été les difficultés et les premiers succès ? Ces questions, nous les poserons à tous mais sans s'appuyer sur un questionnaire identique et formaté, trop carré et réducteur à notre goût. Notre approche s'apparentera plus à celle de l'historien que du sondeur.

De retour du Brésil, nous avons retrouvé la France en plein hiver et avons passé cinq mois à temps plein à Paris pour monter le projet. Un lourd travail d'investigation a été effectué pour identifier les entreprises. Grâce à une veille active, de très nombreuses rencontres et lectures, nous avons repéré plus de cinq cent trente initiatives différentes. Afin de les valider, nous nous sommes aidés de nombreux experts du développement durable et des membres d'ONG [1]. C'est surtout notre rencontre avec la société BeCitizen et l'un de ses fondateurs Maximilien Rouer qui nous a permis de distinguer l'important de l'accessoire. Les équipes de ce cabinet de conseil en stratégie ont investi de longues heures à séparer avec nous le significatif de l'anecdotique, pour nous aider à nous concentrer sur ce qui a un impact réel. Par bien des aspects, ce livre est aussi le leur.

La préparation du projet a également consisté à chercher des partenaires financiers. Si un tiers de notre budget vient de nos propres économies, un autre tiers vient d'entreprises qui ont cru à l'intérêt de notre aventure pour sensibiliser leurs propres équipes, leurs clients ou tout simplement animer leur site Internet. Le dernier tiers est obtenu grâce à des bourses du ministère de la Jeunesse et des Sports, du conseil général du Var et régional de Basse-Normandie. En tout, ces partenaires nous ont fourni le

1. WWF France, Care, Transparency International.

matériel et deux tiers des quelque 40 000 euros nécessaires à l'expédition. Cette mini-levée de fonds était un pari risqué. À notre retour du Brésil, nous aurions pu partir grâce à nos économies, mais nous avons préféré les investir pour mettre en œuvre un projet plus construit, plus long et plus ambitieux. Nous espérons qu'à la fin de la lecture de ce livre vous nous donnerez raison.

Pour notre site Internet, nous avons bénéficié de l'expertise d'une agence multimédia jeune et très créative. Nous avons développé avec son équipe une amitié réelle et ils nous suivront pendant la totalité du périple. Ces mois de préparation ont aussi été l'occasion de convaincre des médias nationaux de relayer notre message. Wanadoo a créé un mini-site sur notre périple et l'a mis en avant chaque mois en première page de son portail Internet. Des journaux régionaux ou spécialisés ont repris nos articles sur différentes thématiques. Et à quelques jours du départ, il ne nous restait plus qu'à régler les derniers problèmes de visas, de billets d'avion et de vaccins. Le rendez-vous d'adieu fut fixé le 15 juin 2003, en compagnie de nos amis et familles, sous la tour Eiffel.

Ce livre retrace notre aventure mais surtout celles des personnalités que nous avons rencontrées. Le jour du départ, nous avions identifié quatre-vingts personalités, mais les effets de réseaux nous en ont fait découvrir bien davantage. Ainsi, nous étudierons sur le terrain pas moins de cent treize initiatives. Après quinze mois de voyage, nous n'avons retenu que les quatre-vingts qui nous semblaient les plus porteuses de sens. Par choix éditorial, nous n'avons développé que trente-deux « coups de cœur ». Nous ne présentons les autres que succinctement, à la fin de chaque chapitre. Cette sélection est forcément subjective et injuste, mais c'est celle qui nous paraît la plus aboutie. D'autres livres mériteraient d'être écrits sur ceux dont nous ne faisons qu'évoquer les histoires. Autre choix assumé, nous ne voulions pas faire de ce livre un récit de voyages. Bien que l'aventure fût passionnante et incroyablement riche d'enseignements personnels, de rencontres émouvantes et de paysages inoubliables, le voyage auquel nous invitons le lecteur n'est pas une expédition exotique autour du globe, mais plutôt un séjour dans un futur souhaitable et possible. Seule concession au genre du carnet de voyage, nos portraits sont traités dans l'ordre de nos rencontres, et suivent notre parcours autour du globe. Nous espérons vous faire revivre la succession de découvertes que ces entrepreneurs nous ont fait vivre. Celles du monde dont chacun rêve pour ses enfants.

Êtes-vous prêt à vous laisser surprendre ?

Avant de commencer, faites un exercice. Imaginez un monde :

- où un réseau d'hôpitaux rentables soigne gratuitement deux tiers de ses patients et utilisent des prothèses médicales cinquante fois moins chères que les prothèses habituelles...
- où les transports en commun sont tellement répandus, agréables et efficaces en ville que vous n'utilisez une voiture que quelques heures par an. Celle-ci est d'ailleurs deux fois plus économe en énergie et vous ne la payez que lorsque vous l'utilisez...
- où un entrepreneur exploite des centaines de milliers d'hectares de forêts pour approvisionner en bois la superpuissance de demain, et cela, sans mettre en péril la biodiversité de son pays...
- où l'immeuble dans lequel vous travaillez ou habitez produit plus d'énergie qu'il n'en consomme. Il ne nécessite aucun système de chauffage ou d'air conditionné, à Noël, comme au beau milieu du mois de juillet...
- où les emballages des produits que vous consommez chaque jour ne s'accumulent plus dans

les sols et les rivières, mais les nourrissent en se dégradant sans danger pour votre santé et celle de vos enfants...
- où une banque permet aux trois quarts de ses clients de se sortir d'une situation d'extrême pauvreté, tout en étant parfaitement rentable...
- où l'agriculture biologique apporte un revenu plus élevé aux agriculteurs en ayant des rendements équivalents ou supérieurs à l'agriculture intensive...
- où l'industrie chimique ne mesure plus ses résultats au nombre de tonnes de matières nocives vendues, mais au service rempli, à moindre coût pour l'écosystème et la santé humaine...
- où un styliste déjanté, refusant la mode des délocalisations, fait de son entreprise l'un des leaders du marché des t-shirts, tout en payant sa main-d'œuvre deux fois le salaire minimum.

Utopies ?
Ce monde existe, nous l'avons parcouru.
Ces initiatives existent, nous les avons étudiées.
Ces entrepreneurs existent, nous les avons rencontrés.

Découvrez-les !

Quelques chiffres
sur le « Tour du Monde en 80 Hommes »

440 jours de voyages,
38 pays sur 4 continents
113 initiatives étudiées,
80 portraits écrits,
8 000 photos,
des interviews en 8 langues (français, anglais, allemand, espagnol, portugais, bulgare, japonais et chinois)
65 000 kilomètres parcourus,
plus de 90 000 visiteurs uniques
sur le site 80hommes.com
120 000 sur le site 80hommes.wanadoo.fr
2 100 inscrits à notre lettre d'information
plus de 1 700 messages d'encouragements
(dont seulement 300 de la maman de Mathieu).

I.

L’EUROPE

Tristan Lecomte – *Paris (France)*
Fondateur d'Alter Eco, leader français du commerce équitable.

60 millions de consom'acteurs ?

***Défi :** Comment permettre à des paysans défavorisés de pays en développement d'améliorer leurs revenus sans devenir des assistés ?*
***Idée reçue** : « Vocation sociale et esprit d'entreprise sont incompatibles. »*
***Solution durable :** Des producteurs heureux font des produits plus savoureux, qui gagnent naturellement la préférence des consommateurs... et des parts de marché.*

Sentir le besoin de parcourir le monde pour rechercher les modèles d'entreprises humanistes sur les cinq continents peut laisser penser que nous voyons l'herbe plus verte chez nos voisins. Ce n'est pas le cas ! S'il y a, sans aucun doute, des domaines où la France et l'Europe ont à apprendre d'expériences réussies à l'étranger, il existe aussi des initiatives originales nées sur le « vieux continent ». L'exemple assez médiatique du commerce équitable est là pour le rappeler. Notre premier entretien se situe donc à Paris, à deux mois du grand départ. Nous rencontrons Tristan Lecomte, le fondateur d'Alter Eco, la marque pionnière en France des produits issus du commerce équitable. Et c'est avec un mélange de fébrilité et d'excitation digne d'un jour de rentrée, que nous pénétrons dans les bureaux ensoleillés, situés dans le quartier de la Bastille à Paris. Nous y découvrons, derrière un amas de sacs de café, de thé et de riz, le visage chaleureux et souriant de notre premier « alter-entrepreneur ».

« Ne doutez jamais qu'un petit groupe d'individus conscients et engagés puisse changer le monde. C'est même la seule chose qui se soit jamais produite. » Cette phrase de Margaret Mead [1] peut-elle s'appliquer à Tristan Lecomte ? Conscient et engagé ? Tristan l'est depuis longtemps. Alors qu'il étudie à HEC, il crée avec des copains de promo une association de développement au Népal. Elle utilise les compétences des étudiants de grandes écoles pour des projets locaux de développement. Tristan est-il en mesure de changer le monde ? Seul l'avenir le dira.

À la sortie de sa formation, son début de carrière n'a rien d'atypique. Il travaille dans une grande multinationale de cosmétiques en tant que contrôleur de gestion. Il nous avoue s'y être ennuyé fermement. Mais un jour, par hasard, il entend parler de commerce équitable dans un article du *Réverbère*, le journal que lui vend un sans-abri dans le métro. L'article relate la naissance d'une nouvelle forme de commerce sur un produit de la vie courante : le café. L'idée lui paraît d'abord saugrenue. Acheter à un prix plus élevé le café au petit producteur pour l'aider, et tenter de convaincre le consommateur que son achat peut être un geste de solidarité, cela ne ressemble pas vraiment à ce qui est écrit dans ses anciens livres de marketing... Pourtant l'idée est simple, le fabricant de café se dit prêt à payer plus cher la matière première afin d'assurer au petit exploitant une vie décente. En clair, le commerce équitable impose de travailler en priorité avec les petits producteurs

1. Margaret Mead est une des anthropologues les plus célèbres du XXe siècle.

défavorisés, de les payer à un prix juste [1] et d'ajouter une prime pour financer des programmes d'éducation, de logement ou de santé. Il s'applique en priorité à toutes les filières agricoles qui ont vu les prix du marché radicalement chuter depuis vingt ans. Cet état de fait a mis en grave péril de nombreux petits exploitants agricoles, incapables de subvenir à leurs besoins.

Mais comment informer le consommateur que le café est acheté au prix juste ? Par la mise en avant sur l'emballage du produit final d'un label qui authentifie la démarche. Ces fameux labels existent depuis longtemps et permettent de garantir que toute la filière répond aux exigences strictes d'un cahier des charges précis. Le plus ancien et le plus connu est Max Havelaar, créé en Hollande dans les années 1980 et qui certifie de nombreux produits agricoles comme le café, le thé, ou la banane. « Bienvenue dans l'ère de la consom'action » comme dit la plaquette d'Alter Eco.

Lorsqu'en 1997, Tristan quitte son poste, il tente d'abord de créer une ONG d'aide aux associations locales de développement. Et il essaie de la financer grâce à la vente de produits issus du commerce équitable. Finalement, le moyen devient la fin et, dès l'année suivante, Alter Eco ouvre son premier magasin à Paris. Un vendredi 13 novembre, ça ne s'invente pas ! Dans un premier temps, Tristan veut créer un réseau de magasins pour distribuer ses propres produits. Cette première expérience est difficile. Le modèle de distribution en magasin n'est rentable, selon lui, qu'à condition d'impliquer un personnel de bénévoles. Or Tristan, lui, veut créer une véritable entreprise capable de payer ses employés. Le métier de la distribution en magasins de quartier est un art difficile qui exige des talents de créateurs d'ambiance, un sens de la négociation pour obtenir des meilleurs emplacements, et un investis-

1. Prix fixé selon les critères définis par l'ONU.

sement financier de départ très important. Autant de conditions que ne réunit pas forcément un entrepreneur de vingt-six ans. Malgré l'ouverture d'une deuxième boutique un an plus tard, Tristan prend rapidement conscience des limites de l'expérience. Il ne s'entête pas...

S'il reste décidé sur le fond, il se rend compte qu'il serait vain de vouloir réinventer la distribution. Son objectif premier reste d'améliorer les revenus des producteurs. Il lui faut donc vendre un maximum de produits. Or, la distribution en grandes surfaces représente aujourd'hui 88 % des ventes de produits alimentaires. Comment justifier aux petits producteurs de se passer d'un tel débouché et d'aussi nombreux clients ?

Tristan Lecomte n'hésite pas longtemps. Dans son esprit, Alter Eco sera la première marque française de produits issus du commerce équitable à être vendue dans les grandes surfaces françaises. Il nous confie : « Au début, le plus difficile fut de convaincre les grandes enseignes de l'existence d'un segment de marché émergent, avec de fortes perspectives de développement. Elles ne voulaient tout simplement pas référencer nos produits. » Néanmoins, il s'accroche. Il quitte son appartement pour emménager dans de vrais bureaux où s'accumulent les produits qu'il souhaite montrer aux acheteurs. Si les nombreux articles de presse commencent à vulgariser le concept auprès du grand public, les consommateurs informés se plaignent de ne pas trouver les produits. C'est à en devenir fou ! Mais, après de nombreux refus, l'enseigne Monoprix se décide, la première, à lui faire confiance en 2001. C'est le début réel de l'aventure. Il va pouvoir enfin prouver que ses produits séduisent les consommateurs.

Contrairement à une idée largement répandue, les prix des produits du commerce équitable ne sont pas forcément plus élevés. L'augmentation des coûts d'achat de matière première[1] est compensée par l'économie de lourdes dépenses publicitaires. Le bouche-à-oreille est la plus efficace des campagnes ! L'argent du consommateur est en quelque sorte retiré de la poche des publicitaires pour aller dans celles des petits producteurs.

Aujourd'hui, entre le café de Bolivie, le riz de Thaïlande ou l'huile d'olive de Palestine, Alter Eco vend en France l'un de ses trente produits toutes les cinq secondes. Et le chiffre d'affaires de la société atteint plus de 5 millions d'euros en 2004, avec une équipe de onze salariés. Tristan, quant à lui, continue de parcourir le monde à la recherche de nouveaux produits. Il ne doute pas une seconde de l'avenir de cette nouvelle forme de commerce. Non seulement les consommateurs seront de plus en plus sensibles à l'éthique des produits, mais Tristan assure que leurs qualités gustatives sont meilleures. En effet, il avertit que la plus grosse erreur serait d'imaginer que les consommateurs acceptent une moindre qualité sous prétexte que c'est « équitable ». Le premier achat ne serait jamais renouvelé. Voilà pourquoi le vrai pari est celui du goût et de la qualité. Il faut convaincre les consommateurs par le cœur mais aussi par les papilles. Tristan, inébranlable enthousiaste, est certain que : « Des producteurs plus heureux font des produits plus savoureux ! »

Après Monoprix, ce sont Cora, Carrefour et Leclerc qui ont décidé de distribuer les produits d'Alter Eco. Comment Tristan envisage le succès ? Devenir une entreprise reconnue et rentable. Ce sera le meilleur moyen d'assurer aux petits producteurs un revenu continu et de meilleures conditions de vie. Aujourd'hui, Tristan incarne un nouveau modèle qui fait rêver les jeunes entrepreneurs. Il réussit à prouver que vocation sociale et esprit d'entreprise ne sont pas incompatibles. Dans son cas, ils sont même étonnamment complémentaires. Aujourd'hui, de

1. De l'ordre de 8 à 9 % du prix de vente final.

nombreux entrepreneurs se lancent pour créer ces modèles d'entreprises alternatives en France ou à l'étranger, dans l'alimentaire ou le textile. Et c'est tant mieux !

Même si le commerce équitable n'est encore qu'une goutte d'eau dans l'océan des échanges [1], il a une valeur symbolique et exemplaire très forte. Il représente un modèle alternatif concret et pragmatique. Il interroge surtout les consommateurs sur un fait simple. S'il existe un commerce équitable, en quoi le commerce traditionnel est-il inéquitable ?

D'autres exemples dans le domaine du commerce équitable :

Victor Ferreira est le directeur de Max Havelaar France. Cet organisme certificateur délivre le label qui autorise un produit à utiliser la marque « Max Havelaar ». La présence du logo garantit le caractère équitable de la filière. Le label touche aujourd'hui plus de huit cent mille producteurs dans quarante-six pays et améliore les conditions de vie, si l'on prend en compte les familles, de cinq millions de personnes. Le travail de Max Havelaar est double. Il consiste d'abord à faire connaître davantage le concept du commerce équitable au grand public. Mais il est surtout d'assurer l'authenticité des démarches des produits labellisés. La réussite de ce modèle alternatif passe par la résolution de ce dilemme, monter en puissance tout en assurant la qualité des contrôles de tous les acteurs... Grandir mais pas trop vite !

Le commerce équitable ne concerne pas que le café. Au Laos, nous avons rencontré **Sissaliao Svensuka** qui est le fondateur de Lao's Farmer products [2], la première coopérative non collectiviste de ce petit pays du Sud-Est asiatique. Il s'approvisionne auprès de dix mille familles pour fournir les circuits du commerce équitable en Europe et aux États-Unis. Grâce à ses ventes de pâtes de fruits, de confitures, de jus

1. Environ 0,01 % du commerce mondial selon l'association Max Havelaar.

2. Lao's Farmer Products : produits des fermiers laotiens.

d'orange et de bière traditionnelle laotienne, il a réalisé en 2003 un chiffre d'affaires de trois cent mille euros.

L'un des pionniers du mouvement aux États-Unis est **Paul Rice**. Il est le fondateur de Transfair, le premier label et la première société de commerce équitable américaine. Pour ce diplômé de MBA qui a passé onze ans de sa vie au Nicaragua à aider les petits producteurs, le commerce équitable est surtout l'occasion de créer de nouveaux débouchés pour les pays du Sud. Il commercialise du café, du chocolat, du sucre et des jus de fruits dans les magasins spécialisés comme Starbuck's ou dans de grandes surfaces. Son café flirte aujourd'hui avec les 1 % de part de marché en Amérique du Nord. Comme Tristan Lecomte, Paul souhaite travailler avec toutes les entreprises à même de distribuer ses produits, dans l'intérêt des petits producteurs qu'il fédère.

Hector Marcelli est mexicain. Il a monté Bioplaneta, un réseau de coopératives commercialisant des produits équitables et biologiques à de grands groupes comme The Body Shop. Il a réalisé en 2003 un chiffre d'affaires de presque 1,5 million d'euros. Il prouve, lui aussi, que le commerce équitable est une voie d'avenir pour les paysans des pays en voie de développement.

Peter Malaise – Malle (*Belgique)*
Créatif chez Ecover,
le leader européen des détergents écologiques.

Ecover, Krapoto Basta, Terra Preserva

Défi : *Comment produire des détergents et produits d'entretien à la fois efficaces et respectueux de l'environnement ?*
Idée reçue : *« Un produit d'entretien efficace est forcément polluant. »*
Solution durable : *En s'inspirant des mécanismes mis en œuvre par le corps humain qui fait beaucoup avec pas grand-chose, on peut concevoir des produits efficaces, biodégradables... et rentables !*

Après avoir rapidement traversé le Luxembourg, nous arrivons, deux jours après notre départ de Paris, en Belgique. L'excitation et l'agitation du départ font maintenant place à l'appréhension et aux premières inquiétudes. Quatorze mois à deux, n'est-ce pas un peu long ? Ne va-t-on pas s'ennuyer ou se taper dessus au bout de quelques semaines ? Va-t-on réussir à conserver le rythme des rencontres ? Allons-nous rester motivés jusqu'au bout ? La peur au ventre et perdus dans ces sombres pensées, nous filons sur les routes de Wallonie et arrivons à Malle, à quelques dizaines de kilomètres au nord de Bruxelles. L'objet de notre visite est de découvrir Ecover. Depuis plus de vingt ans, cette société fabrique et vend des produits d'entretien ménager, du liquide vaisselle à la lessive, dont l'impact sur l'environnement est bien plus faible que les produits traditionnels. Dès l'entrée dans les locaux, le ton est donné. Une grande fresque, peinte au dessus du bureau de la standardiste, déclare : « *It's a wonderful world, pigs can fly, nuclear energy is safe*[1]... » Au cas où nous en douterions encore, nous venons bien d'entrer dans les bureaux d'une entreprise militante.

Nous venons rencontrer Peter Malaise, un Belge chaleureux et bonhomme à la mine malicieuse. S'il n'est pas le fondateur de cette société atypique, il en est aujourd'hui le « gourou ». Pionnier reconnu de ce secteur émergent, il s'est donné pour mission de produire et commercialiser des détergents écologiques en étant rentable, socialement responsable et écologiquement viable. Si vous pensez que c'est un vœu pieux ou pire, un hypocrite discours d'intention, Ecover nous a prouvé le contraire. Loin des discours bardés de bonnes intentions, affichés sans être appliqués, Ecover innove au jour le jour et prouve que des alternatives douces pour la terre et les hommes sont crédibles. Explications.

Peter présente avec gravité les enjeux de son secteur d'activité. Il nous explique qu'une famille européenne utilise en moyenne, chaque année, quarante kilogrammes de lessive pour laver son linge et dix de poudre pour sa vaisselle. Jusqu'à 30 % de ces produits sont des phosphates, un élément chimique dont une trop forte concentration déséquilibre les milieux aquatiques[2]. Il nous confie qu'à elle seule, « cette famille peut chaque année dévaster un lac

1. « Le monde est merveilleux, les cochons savent voler, l'énergie nucléaire est sûre. »

2. Phénomène dit d'eutrophisation.

d'une profondeur d'un mètre cinquante sur six hectares, et éliminer la totalité de sa faune marine ». D'après lui, si dans les pays du nord de l'Europe de plus en plus de grandes marques éliminent les phosphates de leurs formules, elles le font uniquement lorsqu'elles y sont contraintes par la loi. En Europe du Sud et sur certains produits ayant échappé au législateur, c'est une autre histoire ! « Par exemple, nous confie-t-il, la majorité des tablettes pour lave-vaisselle utilisées en Europe contient encore 45 % de phosphates. »

En 1979, révolté par les méfaits des géants de la chimie, un groupe de militants écologistes crée Ecover, dans une ferme du nord de la Belgique. Au bout de quelques mois, ils trouvent un moyen de fabriquer des produits aussi efficaces que les grandes marques en diminuant drastiquement la contenance de résidus néfastes pour les milieux marins. Aucun des composants des produits Ecover n'est dérivé du pétrole. Ce sont des enzymes naturelles génétiquement non modifiées qui fabriquent les ingrédients actifs. Les produits ne sont jamais testés sur des animaux (pratique généralisée dans le secteur) et seuls des parfums végétaux naturels, beaucoup moins dangereux pour la peau des clients, sont utilisés.

Tout cela permet de rendre les résidus de détergents plus facilement assimilables par les milieux naturels. Résultat, 95 % des produits Ecover sont biodégradés (autrement dit disparus, avalés par la nature) au bout de vingt-huit jours. Et si la norme minimale pour obtenir l'appellation « biodégradable » dans l'Union européenne fixe ce taux à 60 %, la majorité des produits traditionnels atteint péniblement 35 %. Les liquides vaisselle Ecover tout en étant aussi efficaces sont quarante fois moins toxiques que les grandes marques leaders du marché !

Et les produits Ecover se vendent très bien ! Convaincue par un discours militant mais réaliste, la clientèle se développe en Belgique et aux Pays-Bas. Au-delà des produits, l'objectif de Peter est de réduire considérablement l'impact global de son activité sur l'environnement. Ainsi, l'emballage est économe en matière et composé de carton ou de plastique 100 % recyclable. Une fois utilisées, les bouteilles peuvent être remplies de nouveau dans les points de vente spécialisés, pour réutiliser l'emballage indéfiniment.

En 1992, devant le succès que connaissent les produits et le développement rapide de la société, il faut construire un nouveau centre de fabrication. Tout est pensé pour en faire une usine « écologique ». Elle est bâtie avec des matériaux propres, consomme un minimum d'énergie, retraite l'eau et les déchets au maximum et s'intègre parfaitement dans l'environnement local. Les murs sont en briques issues de déchets de charbon, la consommation d'énergie est cinq fois moindre qu'une usine « traditionnelle » et 95 % des déchets sont réutilisés. Le toit recouvert de gazon permet de réguler la température en été comme en hiver et constitue un habitat de choix pour les oiseaux de la région. Enfin, un astucieux système de retraitement des eaux usagées permet à Peter de nous déclarer avec fierté : « L'eau qui sort de l'usine est plus propre que celle qui y rentre ! » Douze ans après sa construction, elle reste un modèle de bâtiment propre et confortable et inspire de nombreux experts et architectes. Elle reçoit chaque année des centaines d'écoliers sensibilisés à l'écologie.

Commercialisés dans des réseaux spécialisés et depuis trois ans dans les grandes surfaces, les produits d'Ecover sont vendus dans vingt-trois pays, de la Belgique aux États-Unis, de la France au Japon... Cette entreprise atypique réalise un chiffre d'affaires de 33 millions d'euros en 2003, en croissance de 12 à 15 % chaque année depuis cinq ans. La rentabilité est aussi excellente puisque le bénéfice net s'élève à presque trois millions d'euros. En Angleterre, alors que le marché est très concurrentiel et difficile à pénétrer, Ecover représente aujourd'hui 2 % des ventes de liquides vaisselle. L'entreprise peut pratiquer des prix similaires à ceux de ses concurrents car elle ne fait aucune publicité et mise tout sur le bouche-à-oreille. Seule entorse à cette stratégie, la société sponsorise depuis l'an 2000 le bateau de Mike Golding pour se faire un nom sur le marché français. Le voilier est chargé de communiquer les valeurs de la marque en participant à des régates prestigieuses telles que la route du Rhum et le Vendée Globe Challenge. Une entreprise rentable, dont les pratiques, de la construction d'usine jusqu'à la publicité, ne dégradent pas la planète, c'est donc possible !

Peter Malaise, quant à lui, est réellement un iconoclaste... Décorateur de formation, il joue déjà les apprentis chimistes pour fabriquer ses propres peintures écologiques. Il se définit comme un post « soixante-huitard ». Élevé dans une mentalité d'avant-guerre, il a souhaité remettre « l'imagination au pouvoir » et ne s'offusque pas de flirter avec un certain anarchisme. En 2002, c'est lui qui, en interne, a soutenu une idée des plus farfelues : communiquer à ses clients et à ses concurrents la formule et la composition de ses produits. Son objectif était de tirer tout le secteur des détergents vers de meilleures pratiques écologiques. Aimant les raisonnements de biais, il nous explique enfin que, s'il fallait donner une valeur monétaire à tous les éléments qui constituent le corps humain (principalement du carbone, de l'oxygène, et de l'hydrogène), il ne « vaudrait » que 60 centimes d'euros. « Et pourtant, rendez-vous compte du nombre de choses que l'on arrive à faire avec un corps ! » Tous nos raisonnements, notre manière d'inventer, de dessiner des produits et d'utiliser les ressources doivent s'inspirer du corps humain. Faire beaucoup avec pas grand-chose. Il nous invite en fait à être éco-efficaces.

Et c'est urgent ! La présence inédite de six milliards d'êtres humains sur Terre impose de nouvelles façons de faire, de produire, de consommer et de penser notre modèle de développement. Elle impose en particulier de nouvelles formes d'entreprises. Peter nous a largement convaincus qu'Ecover en représentait une sincère et crédible.

D'autres exemples dans le domaine de l'éco-design :

Thierry Kazazian est le fondateur d'O2 France, une des sociétés pionnières de l'éco-design en Europe. L'idée est d'intégrer des critères écologiques dans les approches de cycle de vie des produits. Il s'inspire de quelques grands principes naturels afin de réduire drastiquement leurs impacts sur l'environnement. Du choix des matériaux aux coûts énergétiques de la fabrication, des conséquences écologiques de l'utilisation à celles de son rejet ultime, le design d'un produit doit prendre en compte toutes ces étapes. Pour Thierry, il s'agit désormais d'imaginer des « choses légères » qui rendent les mêmes services aux usagers tout en réconciliant consommation et environnement. Il intervient régulièrement pour imaginer de nouveaux produits « éco-conçus » pour des sociétés telles que Monoprix, Lafuma ou les 3 Suisses.

Les réflexions sur le cycle de vie des produits et les cycles de matières doivent beaucoup à **Walter Stahel**. Il est le directeur de l'institut de la durée en Suisse. Il travaille depuis vingt ans à imaginer les moyens de réduire l'impact sur l'environnement de nombreux produits en allongeant leur durée de vie. Il conseille de nombreuses multinationales européennes.

Au Japon, **Yusuke Saraya** est le PDG de Saraya Limited, une des entreprises leaders du marché des détergents au Japon. Il est montré en exemple par de nombreux écologistes car ses produits sont biodégradables à 99,9 %. Équivalent japonais d'Ecover, l'entreprise a réalisé un chiffre d'affaires en 2003 de 150 millions d'euros. Yusuke parvient aussi à réduire ses consommations de ressources (eau, énergie, emballages et papier) de 5 à 10 % chaque année tout en maintenant sa croissance. Il prouve qu'avec une forte volonté et de la créativité, c'est possible !

Yusuke Saraya nous a été recommandé par **Günther Pauli**, le véritable gourou de l'innovation environnementale dans l'industrie. Il est le créateur de l'institut de recherche

ZERI (Zero Emissions Research Initiative)[1]. Basé au Japon, il parcourt la planète entière pour tenter de convaincre les industriels de réduire leur impact sur l'environnement, en réduisant notamment leurs émissions de gaz à effet de serre. Il est l'un des meilleurs exemples d'une entreprise tournée vers le futur et l'innovation plutôt que le passé et la dénonciation.

Autre passionnée d'innovation durable, **Janine Benyus** nous a accueillis dans sa campagne sauvage du Montana aux États-Unis. Biologiste et naturaliste de formation, elle est à l'origine du concept de « biomimétique ». Elle invite les chercheurs à observer la nature pour s'en inspirer, innover, et ainsi commercialiser des produits plus respectueux de l'environnement. L'araignée, par exemple, produit en digérant des insectes morts un fil qui est sept fois plus résistant que l'acier. Janine a aussi travaillé sur des peintures « perlantes » s'inspirant de la texture des fleurs de lotus. Des murs peints avec cette technologie sont insalissables et évitent l'utilisation de produits détergents nocifs. Son livre[2], expliquant tout ce que la Nature peut apprendre aux laboratoires de recherche des entreprises, est un best-seller. Janine nous rappelle qu'encore aujourd'hui, la nature est la plus inventive des ingénieurs...

1. Zero Emissions Research Initiative : Initiative de recherche sur les émissions nulles (de gaz à effet de serre).

2. *Biomimicry*, aux éditions Beastly Behaviors, 1992.

Peter Koppert – Berkel en Rodenrijs *(Pays-Bas)*
Directeur général de Koppert,
leader européen des pesticides naturels.

L'agriculture durable, c'est tout bête !

Défi : *Comment réduire l'utilisation de pesticides qui polluent les sols et mettent en péril la santé des agriculteurs ?*
Idée reçue : *« Seuls les produits chimiques peuvent détruire les ravageurs des cultures... »*
Solution durable : *Engager les créatures (bénévoles...) que la nature a conçues.*

Dix jours avant notre départ, nous rencontrons par hasard David à Paris, lui aussi globe-trotter de retour d'un long voyage, et à nouveau en partance pour les Pays-Bas. Il nous invite à lui rendre visite dans son université de Wageningen, en Hollande. Centre mondialement reconnu, cette université forme plusieurs milliers d'agronomes chaque année. Ils y étudient les différentes techniques agricoles, de l'agriculture intensive classique aux pratiques modernes biologiques. David nous accueille dans sa maison d'étudiants. Une véritable auberge espagnole au bord d'un jardin où l'on croise des lapins, des poules et, occasionnellement, de petits cochons bien dodus. C'est dans cette ambiance champêtre, et grâce aux étudiants, que nous entendons pour la première fois parler de l'entreprise Koppert.

L'histoire de Koppert est d'abord celle d'une famille d'agriculteurs hollandais inventifs. Au début des années 1960, Jan, le père, fut le premier à tenter l'aventure de l'agriculture biologique. Si vous l'imaginez militant engagé contre l'appauvrissement des sols, contre l'utilisation abusive de produits chimiques, ou comme un sacrifié aux grandes causes écologiques de la planète, vous vous trompez. Jan souhaitait d'abord se faciliter la vie...

Le père de cette famille d'agriculteurs est tout simplement allergique aux produits chimiques. Les engrais et les pesticides dérivés de pétrole, que les pratiques agricoles intensives imposent de diffuser à un rythme éreintant, le rendent simplement malade. Un jour, alors qu'il travaille dans la chaleur et l'humidité de sa serre, Jan craque. Il ne supporte plus de devoir enfiler une combinaison d'astronaute pour assurer des rendements corrects à ses serres de concombre. Il en a assez de devoir prendre deux douches avant de s'autoriser à embrasser ses enfants lorsqu'il rentre le soir. C'est donc par pure nécessité que cet agriculteur « Géo Trouvetou » se met en tête de développer des méthodes alternatives, plus « naturelles » et surtout moins contraignantes pour lui. Il veut protéger sa santé tout en conservant des rendements suffisants. Ce n'est ni pour la planète, ni pour sauver l'humanité d'un péril imminent. C'est pour lui !

Deux années plus tard, en 1967, ses essais sont enfin concluants. Pour lutter contre les insectes dévorant ses concombres et ses tomates, il introduit dans ses serres les prédateurs de ces parasites. Idée toute « bête », dérivée du bon sens et peu onéreuse qui autorise la Nature à faire son travail à nouveau et permet aux végétaux de pousser en paix. Elle permet surtout à l'agriculteur de ne plus s'astreindre à des vaporisations épuisantes, nocives pour lui autant que pour les sols. Jan a tout simplement redécouvert et amélioré une pratique ancestrale : utiliser des coccinelles pour qu'elles dévorent les pucerons. Au lieu de s'entêter à lutter contre les éléments, il s'en sert. Et il commence à développer une véritable expertise sur la façon d'élever ces insectes bénéfiques qui attaquent les ravageurs et laissent en paix ses légumes. Il est surtout le premier à acquérir un savoir-faire précieux pour identifier les espèces utiles et mesurer les quantités nécessaires.

De petites boîtes de larves sont d'abord distribuées aux fermes voisines. Puis, l'idée lui vient d'en faire une affaire, dont l'activité commence réellement au début des années 1970 avec un prédateur vendu contre la mite araignée, un parasite qui ravage les plantations de concombre du pays... Au cours de cette première décennie, l'activité de l'entreprise décolle difficilement. La société manque de péricliter à plusieurs occasions. Le concept est nouveau et les mentalités difficiles à faire évoluer. D'autant que la famille Koppert n'a rien à proposer contre le prédateur qui hante les nuits des agriculteurs de l'époque : la mouche blanche.

Les deux fils de Jan, Peter et Paul, doivent reprendre les rênes de la société suite à la disparition de leur père en 1972. La complémentarité de leur profil, Peter le gestionnaire et Paul l'ingénieur, est sans doute l'une des raisons du renouveau. Le fameux problème de la mouche blanche, qui laissait perplexes agriculteurs et fabricants de pesticides, est enfin résolu. Une petite guêpe est découverte en Amazonie qui promet de s'en faire un véritable régal... Grâce à elle, Koppert commence enfin à gagner des parts de marché.

Mais le potentiel de collaboration entre l'homme et l'insecte ne se cantonne pas à la simple prévention des ravageurs. Des efforts de recherche permettent de développer la première exploitation d'élevage de bourdons. Leur vol de fleur en fleur permet aux tomates de se fertiliser avec une efficacité suffisante pour diminuer, une nouvelle fois, les apports en engrais chimique. Dans tous les cas, la technique reste la même, l'agriculteur achète une boîte qu'il pose au beau milieu de son champ ou de sa serre, il ouvre le capuchon et laisse les insectes se nourrir et donc instinctivement travailler pour lui. Lorsque les ravageurs nocifs ont, en quelques jours, tous été dévorés par les insectes auxiliaires, le problème est résolu. Ceux-ci disparaissent à leur tour, car ils n'ont plus rien à se mettre sous la dent !

Aujourd'hui, Koppert a une expertise sur dix-huit types de prédateurs différents et les commercialise dans une vingtaine de pays. La société a réalisé en 2002 un chiffre d'affaires de 40 millions d'euros avec deux cent quarante employés. Leaders incontestés de ce marché en pleine croissance, Peter et Paul imposent un secret absolu sur leur savoir-faire. Leur métier s'apparente chaque jour davantage à de la prestation de conseil et d'expertise auprès des agriculteurs. Leur savoir-faire d'élevage est la véritable clé de la réussite sur ce marché où rien n'est brevetable. Si les produits de Koppert permettent de se passer de pesticides et d'engrais chimiques, seuls 5 % du chiffre d'affaires est assuré par les fermes d'agriculture biologique. Ce qui prouve bien l'efficacité des produits car même les exploitations traditionnelles, qui ne s'obligent pas encore à abandonner totalement les intrants chimiques, font confiance à ce type de solutions naturelles. Aujourd'hui, près de 90 % des serres de tomates et de concombre en Europe utilisent les services de Koppert ou de sociétés équivalentes.

Le succès des techniques naturelles de contrôle des parasites est tel, qu'aujourd'hui, même les grands chimistes recommandent une utilisation combinée. L'agriculteur utilise tout au long de l'année des services comme ceux de Koppert et ne pulvérise le pesticide chimique qu'une seule fois par an. Cette gestion combinée a l'énorme avantage de prolonger le temps que mettent les parasites à développer une résistance aux produits chimiques. Cette résistance, ils ne la développeront jamais contre un insecte prédateur, ce qui explique les recommandations des grands fabricants pour ce produit pourtant directement concurrent. Et pour l'agriculteur, il n'y a pas de surcoût car les solutions naturelles sont vendues au même prix que les pesticides traditionnels. Pour eux, l'usage de solutions naturelles peut permettre de diminuer par dix l'utilisation de pesticides chimiques.

L'innovation « naturelle » de Koppert montre bien que les enjeux globaux nous imposent de reconsidérer l'innovation en jugeant son harmonie à moyen et long terme avec l'écosystème. À quoi bon imaginer des innovations immédiates, si c'est pour creuser nos tombes demain. Notre vision du progrès nous déforme. Elle incite à penser que les avancées récentes suivent forcément la tendance de la surenchère technologique. Mais les impératifs environnementaux vont modifier durablement cette perception. Améliorer les rendements ne signifie plus systématiquement rajouter des produits chimiques complexes ou de l'électronique. L'écologie réaliste s'intéresse désormais aux innovations naturelles.

Mais le plus surprenant dans notre rencontre avec Peter Koppert, c'est le sentiment de ne pas parler à un militant fervent se référant à des idéaux supérieurs. Il est plutôt un chef d'entreprise pragmatique, dont le bon sens et l'ingéniosité permettent aux agriculteurs de travailler dans des conditions plus confortables, tout en respectant davantage leurs sols. Dans son discours, l'écologie devient banale, comme un principe de base dont il n'y a même plus matière à discuter. Aujourd'hui, les conséquences écologiques du productivisme agricole sont très souvent néfastes et des méthodes alternatives comme celle de Koppert permettent d'espérer assurer les rendements nécessaires pour alimenter l'humanité. Mais Peter, quant à lui, travaille d'abord, comme son père avant lui, pour nourrir sa famille.

D'autres exemples dans le domaine de l'agriculture « durable » :

Vandana Shiva est l'une des icônes de l'altermondialisation. Femme très médiatique, elle mène de nombreux combats contre les producteurs d'organismes génétiquement modifiés. Elle affirme que les gènes introduits dans les produits vendus aux paysans indiens ne permettent jamais, contrairement à l'argumentaire de vente, de se passer de pesticides. En revanche, la présence systématique d'un gène, appelé Terminator, oblige les paysans à se fournir en semences chaque année, car les graines sont stériles d'une année sur l'autre. Mais Vandana ne se contente pas de dénoncer cet asservissement des paysans aux grandes multinationales. Elle est parvenue à convaincre plus de deux cent mille fermiers d'adopter des méthodes combinant les cultures sur le même sol, utilisant des engrais naturels et se passant de tout produit chimique. Pour les paysans qui l'ont suivie, les rendements se sont nettement améliorés. Et leurs revenus ont été multipliés par trois en évitant l'achat de produits chimiques. D'ici 2007, elle espère voir 5 % du territoire indien se convertir à cette solution verte qui parviendrait à nourrir l'Inde sans appauvrir son sol.

Autre fervent combattant, **Lester Brown** est un des gourous du mouvement écologique mondial. Il a fondé le Worldwatch Institute à Washington. Lors de notre rencontre, il nous a confié ses craintes pour l'avenir si nous tous, citoyens, industriels, agriculteurs et investisseurs ne changeons pas drastiquement nos pratiques. Sa carrière l'a conduit à se spécialiser sur les liens entre agriculture et environnement. Aujourd'hui, il ne cesse de dénoncer les méfaits des méthodes d'agriculture intensive. Pour ce vieux sage de la lutte écologique, l'érosion des sols et l'avancée des déserts vont de plus en plus contraindre de grands pays comme la Chine à importer leur nourriture, avec un risque de tensions sur les cours mondiaux. Fort d'une vie d'observation des phénomènes démographiques, naturels et écologiques, Lester Brown nous fait prendre conscience que, plus que jamais, notre civilisation a le choix (et le devoir) d'engager un changement de cap vers une agriculture plus respecteuse de l'environnement. Un choix que les générations futures n'auront sans doute plus.

Jorgen Christensen – Kalundborg *(Danemark)*
Ancien directeur général d'une usine pharmaceutique.

L'écoparc de Kalundborg, une vraie « symbiose industrielle »

Défi : *Comment réduire l'impact environnemental d'une grande zone industrielle ?*
Idée reçue : *« C'est possible mais cela engendrera forcément un coût supplémentaire ! »*
Solution durable : *S'inspirer de la vie à l'état naturel, qui fait du moindre déchet une ressource pour un autre organisme.*

Nous arrivons à proximité de Copenhague le jeudi 26 juin en fin de soirée. Nous avons rendez-vous le lendemain matin à quelques kilomètres de là, devant un grand hôtel du centre-ville, à neuf heures précises. À l'occasion de l'inauguration d'une nouvelle usine, nous sommes invités par une des entreprises du site pour une journée de visite de Kalundborg, une ville industrielle située à cent kilomètres à l'ouest de la capitale danoise. Nous devons retrouver une cinquantaine de journalistes économiques, industriels et financiers venus de l'Europe entière, pour s'y rendre en bus. Nous sommes assez impressionnés de nous retrouver parmi les grands noms de la presse. Sur la liste, « Tour du Monde en 80 Hommes » côtoie le *Financial Times* ou *Les Échos*... Malheureusement, le matin suivant, notre réveil ne sonne pas et nous ouvrons les yeux avec vingt minutes de retard. Au moment de traverser l'artère principale de la ville, nous croisons le bus de journalistes, déjà en route vers sa destination. Nous entamons une course effrénée et, grâce à deux feux rouges conciliants, il nous faut cinq bonnes minutes pour le rattraper. Victoire ! Le chauffeur nous ouvre. À peine sommes-nous montés dans le bus, hirsutes, essoufflés et en sueur, nous reprenons une mine sérieuse pour tenter de préserver le peu de crédibilité qu'il nous reste !

Kalundborg est l'une des principales zones industrielles du Danemark, composée de neuf entreprises indépendantes, dont les plus importantes raffineries et centrales thermiques[1] du pays. Elle est montrée en exemple depuis plus d'une décennie comme modèle de coopération écologique et économique. Intéressés par ce modèle d'« écoparc » industriel, nous avons voulu en savoir plus. Jorgen Christensen, l'un des pionniers du projet, a accepté de nous recevoir. Il a été, durant quatorze ans, le directeur général de l'usine Novo Nordisk (douzième laboratoire pharmaceutique mondial et organisateur de cette journée de découverte). Il est à l'origine de plusieurs projets de coopération avec les autres sites de production et est désormais le principal porte-parole et promoteur de ce modèle unique de « symbiose industrielle ». Si nous autorisons le lecteur à considérer le sujet de ce chapitre comme l'un des moins sexy, et si nous tolérerons quelques bâillements à l'évocation de pompes, de turbines et d'échanges de déchets, l'innovation présentée reste à nos yeux l'une des plus prometteuses pour imaginer une industrie respec-

1. Une centrale thermique utilise du pétrole, du gaz naturel ou du charbon pour produire de l'électricité.

tueuse de la planète. L'exemple prouve qu'au lieu de mettre tous les industriels dans le même panier de pollueur « ad vitam eternam », il serait plus utile de médiatiser ceux qui font des efforts. Surtout lorsqu'ils sont payants, comme c'est le cas à Kalundborg.

« Rien, nous explique-t-il, n'a clairement été planifié... » L'écoparc est le résultat heureux de trois décennies de prises de conscience et d'efforts qui ont vu, peu à peu, se développer les projets d'échanges d'eau, de déchets ou d'énergie entre les sites de production. Dans ce parc original, le déchet d'une usine devient la ressource d'une autre. Et des boucles de réutilisation permettent de diminuer les consommations de matière et d'énergie. L'objectif de chaque coopération est d'abord de gagner de l'argent. « En utilisant mieux nos ressources et en réutilisant les déchets, nous réduisions nos coûts de manière considérable ! » nous confie Jorgen. Le tout premier projet est celui de la raffinerie Statoil qui, devant des difficultés d'approvisionnement en eau au début des années 1970, pousse la municipalité à construire un pipeline reliant la raffinerie au lac de Kalundborg. En échange de ce service, Statoil s'engage, après usage, à approvisionner en eau chaude la centrale thermique voisine et à retraiter son eau pour qu'elle ressorte au moins aussi propre que celle qui y est entrée.

Quelques années plus tard, les ingénieurs de la centrale thermique proposent aux entreprises voisines de les fournir directement en chaleur avec la vapeur d'eau qu'elles génèrent. Celles-ci acceptent et peuvent dès lors en disposer pour la consommation de leurs usines ou pour faire tourner leurs turbines. À la fin des années 1980, c'est une entreprise piscicole qui vient s'installer pour bénéficier de l'eau tiède et propre sortant de la centrale thermique. Depuis, cette ferme produit chaque année près de deux cents tonnes de magnifiques truites et saumons.

Les derniers projets à avoir vu le jour concernent les déchets. Ceux-ci, au lieu d'être jetés, sont utilisés comme matière première ou comme ressource pour les usines voisines. La centrale thermique par exemple, vend les deux cent mille tonnes de gypse (du dioxyde de soufre) que sa production génère à l'usine voisine pour la production de panneaux de plâtres. Ces déchets s'accumulaient auparavant dans une décharge. Ils sont désormais recyclés dans l'usine d'en face. Autre exemple, plus d'un million de tonnes de résidus de levure de l'usine de production d'insuline de Novo Nordisk est récupéré pour enrichir l'alimentation des huit cent mille cochons qu'élèvent les fermes avoisinantes.

Ce sont désormais vingt-trois projets de collaboration (dix sur la gestion partagée de l'eau, sept sur l'énergie et six sur les déchets) qui permettent une réduction globale de l'impact environnemental du site de Kalundborg. Les résultats sont surprenants. La consommation d'eau des neuf entreprises a chuté de 25 % en dix ans et ce sont chaque année presque trois millions de mètres cubes qui sont ainsi économisés. L'utilisation de quarante-cinq mille tonnes de pétrole et de quinze mille tonnes de charbon est aussi évitée chaque année et Kalundborg évite que cent soixante-quinze mille tonnes de dioxyde de carbone (un des principaux gaz à effet de serre) soient rejetées dans l'atmosphère.

Tous les projets sont nés de la volonté d'éviter les gaspillages. Ils ont systématiquement été accompagnés d'études détaillées de faisabilité et de contrats précis entre les acteurs. Les investissements cumulés des neuf entreprises représentaient 75 millions d'euros en 2001. Et depuis la première coopération, plus de 160 millions d'euros ont été économisés. D'un point de vue économique, toutes ces initiatives sont rentables et le retour sur investissement très rapide. La majorité des projets a été rentabilisée en deux ans, et les autres sur une période maximale de quatre ans.

Ce modèle est-il transposable ? La première raison d'une telle coopération selon Jorgen Christensen est tout simplement d'ordre économique. Même si les Danois sont beaucoup plus sensibles aux problématiques environnementales[1], sans l'espérance d'économies futures, aucun des projets n'aurait vu le jour. Et chacun d'entre eux, depuis les années 1980, est le résultat de consultations permanentes des différentes parties prenantes de la zone : entreprises, municipalité, ONG et riverains.

Pour lui, plus que l'absolue nécessité de proximité géographique et de non-concurrence des différents acteurs d'une « symbiose industrielle », c'est la communication entre les différentes parties prenantes qui est le principal critère de réussite. De nombreux projets identiques ont été lancés (en Autriche, aux États-Unis, en Chine...) mais aucun n'a atteint ce degré d'intégration et obtenu d'aussi bons résultats pour l'environnement. Les difficultés de dialogue entre les acteurs l'expliquent presque systématiquement. Le fait que tous les directeurs des usines de Kalundborg soient membres du même cercle du Rotary Club n'avait rien d'anecdotique...

Cet exemple illustre parfaitement le fait que des industries peuvent être rentables et efficaces en diminuant considérablement leur impact sur l'environnement. Il incite à considérer les processus industriels comme les réactions d'un métabolisme. Le parc d'usines s'apparente ainsi à un écosystème, avec une multitude d'interactions et d'interdépendances, des usines entre elles, mais aussi du site avec son environnement. En fait, il suffit une fois de plus de s'inspirer de la vie à l'état naturel... En pleine Nature, le moindre « déchet » est une ressource pour un autre organisme. Et dans l'évolution, la faculté de consommer le moins de ressources possibles pour vivre est un critère majeur de la sélection naturelle.

---

1. Le Danemark est le premier pays au monde à avoir nommé un ministre de l'Environnement en 1973.

La conception classique d'une usine pour un industriel a trop longtemps reposé sur un schéma de pensée, largement partagé, considérant les ressources comme infiniment disponibles. Or la Terre n'est capable, ni de produire des matières comme les métaux ou le pétrole à l'infini, ni d'absorber dans la foulée l'ensemble des déchets produits. En tout cas pas au rythme que l'homme lui impose actuellement. Les industriels ne sont pas pour autant les « méchants de l'histoire » et construire une économie plus verte et plus propre passe forcément par leur implication. L'exemple de Kalundborg incarne le nouvel état d'esprit qu'il faudrait adopter. Et Jorgen Christensen s'applique désormais à provoquer cette révolution mentale dans le monde entier.

D'autres exemples dans le domaine de l'écologie industrielle :

Suren Erkman est le premier chercheur à avoir popularisé la notion d'« écologie industrielle ». Icast, son institut basé en Suisse, conseille de nombreux dirigeants désireux d'organiser leurs usines en écoparcs comme celui de Kalundborg. Ses idées connaissent actuellement un succès croissant en Chine, en Thaïlande, mais aussi aux Pays-Bas, aux États-Unis et au Canada. En France, un écoparc a été testé à Dunkerque. Si les conditions de mise en place de tels parcs ne sont pas toujours aussi favorables que l'exemple danois, de nombreuses municipalités poussent les zones industrielles à réfléchir aux possibles synergies de matières et d'énergies entre les usines.

Ramesh Ramaswamy, est un Indien associé aux travaux de recherche de Suren Erkman. De Bangalore, dans le sud de l'Inde, il met en place des projets d'écologie industrielle pour l'industrie textile afin de réduire la pollution des rivières et les émissions de gaz polluants. Il tente d'introduire la notion de « métabolisme industriel » auprès des hommes d'affaires indiens et chinois.

Jan Peter Bergkvist – *Stockholm (Suède)*
Directeur du développement durable
de la chaîne hôtelière Scandic.

L'écolo hôtelier

Défi : *Relancer l'activité d'un réseau d'hôtels en diminuant son impact environnemental.*
Idée reçue : « Investir dans l'écologie est un luxe d'entreprise riche. »
Solution durable : *Mettre la performance environnementale au cœur de la préoccupation des salariés du groupe en incitant chacun à repenser ses pratiques pour diminuer les impacts.*

Voilà quinze jours que nous avons quitté Paris. Ce 1er juillet 2003, nous découvrons la Suède et sa capitale, Stockholm. Jusqu'à présent, nous avons chaque soir profité de l'hospitalité d'amis, ou de personnes rencontrées sur la route. Arrivés en début de soirée d'un long voyage depuis la frontière danoise, nous sommes à la recherche d'un lit pas trop cher. Après quelques heures de recherches infructueuses, nous constatons amèrement que toutes les auberges de jeunesse et campings sont pleins, mais surtout que les prix en Suède sont bien supérieurs à ceux prévus par notre budget. Nous ne pouvons donc nous permettre de prendre une chambre dans un hôtel. Vers minuit, nous décidons enfin d'inaugurer notre tente dans un parc de la ville. Il n'est pas certain que cela soit autorisé mais nous verrons bien...

Comme on peut l'imaginer, notre première nuit est courte. D'abord, il faut comprendre comment la tente se monte, ce qui peut paraître simple en plein jour, mais devient beaucoup moins aisé de nuit. De plus, pour des raisons de moindre encombrement, nous ne sommes équipés que d'un duvet plutôt léger, suffisant pour la majorité des pays chauds, mais un peu trop fin pour affronter la fraîcheur scandinave. Il fait cinq degrés à peine à l'extérieur et le froid nous paralyse. Quelques heures plus tard, la pluie vient marteler la toile... Nous ne fermons pas vraiment l'œil de la nuit.

À huit heures du matin le lendemain, nous devons rencontrer un des directeurs de la plus importante chaîne hôtelière scandinave, reconnue pour son engagement environnemental. Un rapide détour par une station-service, afin d'enfiler une chemise et de se brosser les dents, et le tour est joué. Après une nuit de camping sauvage, nous sommes prêts à discuter de la gestion d'une chaîne d'hôtels trois étoiles...

La chaîne Scandic Hotel est, au début des années 1990, dans une situation financière exsangue. Lorsqu'en 1992 Roland Nilsson est nommé à la tête de l'entreprise, les pertes des deux dernières années s'élèvent à plus de 50 millions de dollars. L'industrie touristique mondiale a subi de plein fouet les conséquences de la guerre en Irak. Mais, alors que la plupart des dirigeants considèrent les mesures environnementales comme des actions de communication utiles lorsque tout va bien, Roland Nilsson va en faire le cœur de la stratégie de relance de Scandic Hotel. La performance environnementale doit transformer le management de l'entreprise et lui permettre de renouer avec le profit.

Et pour insuffler le changement dans les mentalités d'une entreprise historiquement créée par un groupe pétrolier américain[1] peu préoccupé par la planète, il fait intervenir le Dr Karl-Henrik Robèrt. Ce professeur cancérologue est à l'origine de la création de l'ONG environnementale *The Natural Step* et a largement participé à la sensibilisation de la société suédoise. Son premier conseil est d'impliquer l'ensemble des cinq mille collaborateurs de Scandic. Des journées de formation sont ainsi organisées, pour le directeur comme pour la femme de chambre. On y expose les enjeux environnementaux du siècle prochain : l'énergie, les déchets, la pollution ou le réchauffement climatique... Les salariés comprennent les grandes règles que l'harmonie avec l'environnement impose, et ainsi responsabilisés, ils suggèrent plus de deux mille idées pour leurs hôtels. L'approche recommandée par *The Natural Step* est originale, elle ne cherche nullement à appliquer des recettes ou des outils, mais compte sur la créativité de tous pour régler des problèmes clairement identifiés.

Tous les collaborateurs participent à une grande « chasse aux ressources » et de nombreuses suggestions émergent. Pour diminuer la consommation de produits d'entretien chimiques et leurs emballages, une femme de chambre propose de remplacer tous les petits savons et shampoings qui finissent à la corbeille après une ou deux utilisations, par des cartouches murales. Les sols en parquet de bois sont préférés à la moquette[2]. Le tri des déchets est généralisé dans les chambres. On demande aux clients d'indiquer s'ils souhaitent changer de drap tous les jours lors d'un séjour de plus de deux nuits, afin d'économiser

1. En 1963, c'est sous le nom de Esso Motor Hotel que le groupe voit le jour, avant d'être revendu en 1983 à un groupe suédois.

2. Le nylon est un dérivé du pétrole alors que le bois est le produit de forêts exploitées durablement dans le nord du pays.

les consommations d'eau et d'électricité des lavages. Le métal, le plastique ou le chrome, matières non renouvelables, sont bannis des chambres au profit du bois. Détail symbolique, même la carte qui ouvre la serrure est en bois et non en plastique. Cette foule d'innovations permet aujourd'hui à Scandic d'affirmer que ses nouvelles chambres sont à 97 % recyclables.

Mais au-delà des effets de slogan et de communication, l'entreprise y a surtout trouvé son compte sur le plan financier. Les consommations totales d'énergie ont diminué de 24 % en trois ans, celles d'eau de 12 % et la production de déchets (dont l'intégralité est triée) de 45 %. Pour un investissement initial de 200 000 euros, la société a pu économiser au cours des cinq années suivantes près de 2 millions d'euros. L'image des hôtels s'est, en outre, considérablement améliorée. Aujourd'hui, huit Suédois sur dix citent spontanément Scandic dans les sondages d'image de marque. Alors que l'entreprise accusait des pertes en 1992, elle renoue avec les bénéfices dès 1994. Et lorsque Roland Nilsson souhaite faire entrer l'entreprise en bourse en 1996, il y a huit fois trop de demande pour les actions de Scandic. Le pari de ce PDG audacieux a donc été gagné. Aujourd'hui l'exemple de Scandic prouve que l'engagement environnemental n'a rien d'une « danseuse de PDG », mais constitue un axe majeur de performance. D'ailleurs, fait significatif, le responsable de l'environnement est aussi directeur des achats. Les performances financières et environnementales sont ainsi liées au plus haut degré.

Jan Peter Bergkvist, notre interlocuteur pendant cet entretien, est, lui aussi, un converti de la première heure. En 1991, il est directeur d'un hôtel de la chaîne Reaso. Au cours d'une de ses réunions de travail, un collaborateur lui demande si l'hôtel a une politique environnementale. La réponse est évidemment non, à l'époque, personne n'y avait encore réellement pensé. Au même moment vient de naître sa deuxième fille. D'après lui, ces événements combinés marquent sa prise de conscience qu'à son échelle, il devait faire quelque chose. La question du collaborateur ne sera pas laissée sans réponse. Il décide d'engager un grand « remue-méninges » pour faire émerger de bonnes idées et les premières initiatives apparaissent. Son hôtel est rapidement montré en exemple et il devient le coordinateur de la politique environnementale de tous les hôtels Reaso. Lorsque la chaîne hôtelière est rachetée en 1996 par Scandic Hotels, c'est tout naturellement qu'il y accepte un poste au sein de la direction environnement.

Scandic Hotel est aujourd'hui la plus importante chaîne hôtelière de Scandinavie. Elle compte 141 hôtels et plus de 23 000 chambres dans neuf pays. Depuis 1996, 9 500 chambres ont été converties en « écorooms [1] », systématiquement pour les nouvelles, et progressivement pour les plus anciennes. À raison de 1 500 à 2 000 nouvelles chambres par an, l'objectif est de convertir plus de la moitié du total.

Les voies d'amélioration, selon Jan Peter Bergkvist, sont encore nombreuses dans la construction des bâtiments, la normalisation des pratiques ou l'émergence de nouvelles idées. Récemment par exemple, un employé a suggéré de maintenir la température dans les chambres à seize degrés lorsqu'elles sont inoccupées. Lorsqu'une chambre est attribuée à un client, le système informatique commande automatiquement de monter la température à vingt degrés. Cette manœuvre prend une dizaine de minutes, soit à peine davantage que la moyenne de sept minutes nécessaires au client pour rejoindre sa chambre. Cette idée simple a permis de réduire une consommation pourtant déjà faible de 14 % supplémentaires. Scandic souhaiterait aussi pouvoir offrir dans l'ensemble de ses hôtels

1. Écorooms : chambres écologiques.

des petits déjeuners issus de l'agriculture « bio ». Mais il n'existe pas aujourd'hui assez de fermes biologiques en Suède pour pouvoir fournir un client qui sert près de quatorze millions de cafés par an... Déjà, un café sur dix est issu de l'agriculture biologique, mais si cette proportion n'augmente pas c'est malheureusement faute de ne pas trouver assez de fournisseurs.

En 2001, le groupe a été racheté par Hilton International. Dorénavant le défi pour Jan Peter prend une autre dimension. Reconnaissant le caractère pionnier de Scandic, David Mitchells, le P-DG d'Hilton, lui a demandé d'assurer la direction mondiale de l'environnement du groupe. Le chantier est gigantesque, mais Jan Peter et l'exemple de Scandic nous ont prouvé que les mesures environnementales n'ont plus rien à voir avec de la simple cosmétique...

Au moment de quitter notre hôte, il nous propose de passer une nuit dans une chambre écologique d'un des hôtels du groupe. Par pur souci d'investigation, vous l'imaginez bien, nous acceptons l'invitation ! Les résultats de notre enquête minutieuse, effectuée de la salle de gym au sauna, et du buffet de petit déjeuner au lit molletonné, sont concluants. Une nuit en « écoroom » est plus agréable qu'une nuit sous la tente !

Un autre pionnier sur le thème de la transformation des grandes multinationales :

Karl-Henrik Robèrts est un professeur en cancérologie suédois, fondateur de l'organisation non gouvernementale *The Natural Step*. Il est parvenu à organiser au sein de la société scientifique scandinave un consensus pour ériger des règles simples de conduite durable de toute action humaine. Son approche, comme l'exemple de Scandic le montre bien, est plutôt de sensibiliser la population aux enjeux planétaires. Une fois les nouvelles règles du jeu fixées et admises, libre à chacun de repenser sa vie et d'adapter son action ! Aujourd'hui son organisation peut se targuer d'avoir fait évoluer de grands groupes vers plus de durabilité comme *Scandic Hotel*, *Ikea*, ou *Électrolux*.

Karl Stützle – Düsseldorf *(Allemagne)*
Directeur général de Safechem,
entreprise de location de produits chimiques.

Produits chimiques à louer !

Défi : *Réduire drastiquement l'utilisation d'un produit chimique utile mais très nocif.*
Idée reçue : *« Il faut attendre qu'un produit tout aussi efficace, moins nocif et pas plus coûteux sorte un jour... »*
Solution durable : *Conserver le produit actuel, mais permettre qu'une même quantité de ce produit serve une centaine de fois au lieu d'une.*

Lorsque nous avons décidé de partir à la recherche de pionniers du développement durable, nous ne pensions naïvement pas trouver grand-chose dans le secteur de la chimie traditionnelle. Nous nous trompions. Car dès notre passage en Allemagne, nous avons pu constater que, même chez les chimistes, l'innovation environnementale existe, et certaines réponses apportées méritent un éclairage. Notre rencontre avec le patron de Safechem, une société allemande filiale du géant américain Dow Chemicals, nous a convaincus qu'être chimiste et écologiste ne conduit pas systématiquement à la schizophrénie...

Les solvants chlorés, voilà ce que vend Safechem. Rassurez-vous, comme sans doute la majorité d'entre vous, le sujet nous était peu familier avant d'ouvrir les portes de cette société. En revanche nous étions intrigués car un livre majeur sur l'efficacité énergétique [1] cite cette société en exemple. Et comme nous aimons être intrigués, nous sommes allés à la rencontre de Karl Stützle, l'initiateur d'une vraie révolution dans son secteur d'activité.

Le solvant chloré est-il un produit bénin pour l'environnement ? Pas vraiment. Tous les dérivés chimiques comportant du chlore sont des substances que n'apprécient guère la faune et la flore des lacs ou des sols. Comment peut-on vendre un tel produit de manière écologique ?

Au début des années 1980, en Allemagne et en Suisse, une vague de protestations contre l'usage de ces solvants commence à prendre de l'ampleur. Des rumeurs d'interdiction se font même persistantes. C'est tout le secteur qui est menacé. Les techniques de nettoyage utilisant le solvant chloré sont nécessaires au bon fonctionnement de multiples procédés industriels. Le solvant est utilisé pour nettoyer la graisse de pièces métalliques, ce qui permet de faire fonctionner correctement des airbags ou d'entretenir des pièces d'avions dont le bon fonctionnement peut se révéler vital. D'autres procédés existent, mais s'ils sont moins polluants, ils sont généralement moins efficaces et les clients s'en plaignent. Karl Stützle est en 1990 un cadre de l'entreprise Dow Chemicals à qui l'on confie le casse-tête des solvants chlorés. Le marché est en déconfiture. Les ventes sont passées de cent quatre-vingt mille tonnes en 1986 à moins de soixante mille tonnes en 1991. Les partis écologistes, les ONGs et le public continuent de montrer du doigt ces produits comme extrêmement nocifs. Une baisse qui est objectivement une bonne nouvelle pour

1. *Facteur 4* de Amory Lovins, Hunter Lovins et Ernst von Weiszäcker, Éd. Terre vivante, 1997.

l'environnement, mais pas pour le patron de la société qui en vend.

Du moins à première vue, et si l'on continue de prendre comme seul critère de performance celui du maximum de tonnes de produit vendues... L'idée de Karl Stützle part du constat que les clients n'achètent pas ce solvant pour son poids, mais pour le service rendu : nettoyer les pièces métalliques. Ce qui compte pour le client final n'a jamais été de s'encombrer de solvant chloré, mais d'assurer la propreté de ses produits. Ce changement d'approche anodin renverse toute l'activité de Safechem. Karl Stützle va donc créer une mini révolution chez Dow. Il suggère que l'objectif n'est plus de vendre un maximum de solvant, mais de vendre un maximum de service de dégraissage des pièces métalliques. Nuance !

Ce changement de perspectives implique que le solvant n'est qu'un élément de la prestation et que celui-ci est vendu dans un circuit fermé. On livre au client final deux containers, l'un rempli de solvant et l'autre vide. On les branche tous deux hermétiquement à un bac de lavage. Une fois l'opération terminée, Safechem récupère les deux containers. Celui qui était rempli est vide et le vide a été rempli. Dans ce système parfaitement contrôlé et hermétique, pas une goutte de produit ne s'est échappée. Tout le solvant utilisé est récupéré par Safechem pour être recyclé (92 % du contenu) ou incinéré, en dernier recours. Le solvant chloré n'est plus vendu mais en quelque sorte loué [1]. Une même molécule de solvant, qui, auparavant, n'était utilisée qu'une fois avant de se retrouver en pleine nature, va servir une centaine de fois.

1. En fait juridiquement, le solvant ne peut être loué pour des raisons de responsabilité en cas d'accident, mais une propriété de quelques jours s'apparente pour le commun des mortels (nous...) à une location.

En adoptant une logique de « service », les quantités de solvants chlorés utilisées sont passées de vingt-cinq tonnes par an et par client en 1988, à deux tonnes en 2002. Les coûts d'emballage ont aussi été drastiquement réduits puisque les containers en acier sont réutilisés à l'infini. Et, malgré la baisse des quantités de solvants vendues, le chiffre d'affaires de Safechem a connu une augmentation. Alors qu'en Allemagne la société ne représentait que 6 % du marché en 1994, elle pèse plus de 50 % dès 1999. Sur ce marché délicat, où les clients ne savent pas comment gérer sereinement ce composant si nocif, Safechem a su apporter une solution de conseil et de contrôle à des clients ravis de voir leur procédé de dégraissage s'améliorer, tout en leur exigeant moins de temps et d'énergie. En mesurant sa performance, non plus à la tonne de produit vendue mais au service rendu, c'est devenu l'intérêt même de Safechem de recycler au maximum le produit. Dorénavant, personne n'y perd à sauvegarder l'environnement !

Désormais présente en Autriche, en Suisse, en France et en Italie, cette PME compte vingt-huit employés pour un chiffre d'affaires de 12 millions d'euros [1]. Aujourd'hui, tous les acteurs du secteur s'inspirent de « l'approche Safechem » pour essayer de rattraper leur retard sur leur concurrent innovant. Longtemps décriée par les Verts allemands, l'entreprise est désormais citée en exemple par le ministre de l'Environnement comme une réussite intelligente de résolution du dilemme écologique.

Lorsqu'on demande à M. Stützle d'expliquer les raisons de son engagement précoce pour tenter de réconcilier son métier avec l'environnement, il reconnaît une double influence. Celle d'un homme sensible aux problèmes écologiques, ayant passé son enfance à la campagne et membre actif du WWF, mais aussi celle d'un businessman qui a vu qu'une approche alternative permettrait de sauver

1. Chiffres pour l'année 2002.

une entreprise et ses salariés, tout en assurant aux clients un même niveau d'efficacité.

L'histoire de M. Stützle est aussi la parfaite illustration qu'un patron d'industrie chimique, qui est aussi donateur des programmes pour la sauvegarde des tigres blancs indiens, peut parvenir à aligner son action et ses valeurs.

Carlo Petrini – Bra *(Italie)*
Fondateur de Slow Food,
mouvement international pour l'« écogastronomie ».

Carlo, pour les intimes...

Défi : *Sauvegarder les saveurs et les recettes du terroir pour combattre la malbouffe.*
Idée reçue : *« Un projet qui entraînera forcément une perte d'argent, de temps et de fun* par rapport aux modèles des fast-foods. »
Solution durable : *Privilégier le plaisir et la qualité pour susciter le désir et séduire progressivement de plus en plus d'adeptes en Italie, en Suisse... et même aux États-Unis !*

On s'imagine souvent l'écolo moyen comme un personnage sympathique mais hors de son temps, réfractaire à toute nouveauté et menant une vie un peu terne, sans réel plaisir. Une simple rencontre avec Carlo Petrini pulvérise le cliché en plein vol. Au cœur de la région italienne du Piémont, dans le cadre enchanteur d'une vieille bâtisse aux allures d'ancien cloître, c'est un militant enthousiaste, un charmeur pétillant et affable qui nous a reçus pour nous raconter son histoire. Il est à l'origine de la création d'un mouvement qui, dénonçant l'uniformisation de nos habitudes alimentaires et des pratiques agricoles, s'attache à démontrer qu'on ne peut être « écolo » sans être bon vivant. Et surtout être bon vivant sans être « écolo »...

Si Carlo n'a jamais réussi à expliquer son métier à sa mère, c'est sans doute parce qu'il en a trop souvent changé et que son parcours n'est jamais réellement rentré dans des cases. Pour lui, tout remonte à ses dix-neuf ans et sa découverte du Paris révolté de mai 68. Ces idéaux scandés en plein Quartier latin vont influencer son engagement et ses choix militants. Diplôme de sociologie en poche, il mène son premier combat pour la liberté d'expression, dans l'Italie des années 1970. Grâce à un vieux poste émetteur récupéré de la guerre gréco-chypriote, il crée clandestinement la première radio libre du pays. Au terme d'une série de protestations qu'il mène avec Dario Fo, le futur prix Nobel de littérature, son mouvement lance le premier vrai débat national. Il s'achèvera quelques années plus tard par la libération des ondes. Dans le « civil », il est animateur culturel et monte des festivals de musique populaire et ethnique. Il participe aussi à un magazine de culture gastronomique milanais, la *Gola*.

Mais c'est à la suite d'un nouveau voyage en France, « la seconde patrie de tout Piémontais », qu'il s'émerveille de voir à quel point notre pays se soucie de préserver ses traditions culinaires. De retour dans sa région natale, Carlo se désespère de constater, à l'inverse, que l'Italie perd une à une ses recettes et ses produits d'antan, happés dans la spirale de standardisation de la « bouffe ». En 1986, l'ouverture d'un restaurant McDonald's sur la place d'Espagne, à Rome, déchaîne les passions. Nombreux sont ceux qui refusent de défigurer l'ensemble architectural par un gigantesque « M » jaune et clignotant. L'affaire se résout par un « compromis à l'italienne », qui, selon Carlo, laisse « McDo installer un restaurant dont la devanture ne ruine pas la façade, mais dont les hamburgers continuent de ruiner les estomacs romains ». Alors que l'événement anime la conversation d'un dîner entre amis, arrosé comme il se doit, Carlo et quelques autres se décident à agir. Ils vont créer une association pour une gastronomie alternative, plus saine et plus respectueuse des traditions. Le nom est tout trouvé, ce sera « Slow Food ».

Mais il n'a nullement l'intention de faire de son association un simple relais de protestation et commence à réfléchir à des moyens d'action. Il est bien conscient qu'on ne peut décemment critiquer le modèle « McDo, Coca » sans en proposer un autre crédible, accessible mais surtout attractif et séduisant. En 1988, à l'Opéra-Comique de Paris, est célébrée la création de l'Association internationale « Slow Food », dont le manifeste fondateur promeut un art de vivre respectueux de la diversité des saveurs et garantit une situation décente pour les producteurs. L'éloge est fait de la lenteur, pas comme principe d'action absolu, mais juste pour, « de temps en temps, prendre son temps ». Et l'emblème du mouvement est choisi. Un escargot, parce qu'il est, selon Carlo, « lent et délicieux ».

Il édite le premier guide des vins d'Italie, dont le succès en librairie est aussi inattendu que bienvenu pour la publicité de Slow Food. Répondant à une attente du public, son jeune mouvement passe de cinq cents à cinq mille membres en quelques mois. L'une des premières missions que se donne l'association est d'identifier et de sauvegarder les « produits en voie d'extinction ». Pour répertorier ce capital culturel gastronomique, Carlo crée la métaphore de « l'arche du goût ». Celle-ci inventorie de manière exhaustive tous les produits, savoir-faire et recettes de terroir qui sont menacées de disparition. Mais identifier et cataloguer des recettes n'est en rien suffisant. Il est évidemment beaucoup plus urgent d'aider les producteurs locaux à gagner leur vie avec leurs produits, dont les ventes dégringolent. Comme le WWF pourrait le faire pour un animal en danger, Slow Food crée des « sentinelles du goût ». Ces groupes de volontaires sont envoyés dans les régions gastronomiques et s'attachent, pour un produit ou une recette donnée, à tout faire pour le relancer commercialement sur les marchés. Des experts du marketing, de la distribution ou de la finance planchent sur les modèles économiques locaux pour sortir le produit et ses producteurs de l'impasse. Le chapon du Morozzo, par exemple, dont les ventes déclinaient, a véritablement été pris en main par les équipes de l'association. Elles ont commencé par en acheter une grosse quantité pour sauver à court terme la production. Puis une vraie campagne de communication a remis ce plat traditionnel délicieux à la mode. Aujourd'hui le chapon est vendu plus cher et l'activité du village du Morozzo est repartie.

Pour faire connaître ces produits oubliés, le premier salon du goût voit le jour en 1996. Il permet à des centaines de petits producteurs de faire découvrir leurs produits et recettes traditionnels à près de vingt mille visiteurs venus du monde entier. La dernière édition du salon, qui s'est tenue à Turin en octobre 2004, a permis à plus de cent quarante mille visiteurs de goûter des miels de Pologne, des patates maories, des poissons de pêche tardive ou des biscuits à l'amarante du Pérou. Ces « ateliers du goût » voient des dizaines d'amateurs italiens, américains ou allemands s'asseoir comme à l'école, pour réapprendre à apprécier des saveurs inconnues ou simplement oubliées.

Slow Food s'étend désormais largement au-delà de la péninsule italienne. Le mouvement compte aujourd'hui plus de quarante mille membres en Italie, neuf mille aux États-Unis et six mille en Suisse et des relais ont été créés dans plus de cent pays. Plus que jamais, sa mission est de défendre les communautés locales et leur savoir-faire culinaire. Le mouvement fonctionne comme une véritable entreprise, avec plus de cent salariés au siège de la ville de Bra. Même si Carlo Petrini a du mal à accepter le titre de P-DG, Slow Food gère tout un tas d'activités dont une maison d'édition qui publie une quarantaine de titres. Le guide des bonnes tables est un véritable best-seller en Italie et la revue *Slow* est traduite en cinq langues.

Fort de ce succès populaire, Slow Food vient de créer la première « université du goût ». Son objectif est de former à la gastronomie et à l'agro-écologie des étudiants d'horizons différents. En 2004, la première promotion compte déjà soixante-cinq étudiants originaires de treize pays différents. L'université est entièrement « indépendante de l'industrie » et financée grâce aux bénéfices d'une « banque du vin ». Cette collection de plus de deux cent mille bouteilles, qui prennent de la valeur en vieillissant dans la fraîcheur des caves, assure des revenus réguliers. Tout comme le complexe hôtelier qui a été construit avec l'ambition d'attirer de nombreux amateurs de l'art de vivre « Slow Food ». Le site proposera une piscine, un club de gym, et des suites en duplex avec une vue imprenable sur d'authentiques ruines romaines. Bien entendu, au cœur de l'ensemble, les imposantes cuisines accueilleront les meilleurs chefs de passage.

Les étudiants de cette école de l'art de vivre culinaire seront les meilleurs ambassadeurs d'une « gastronomie intelligente ». En formant ces futurs spécialistes, qui rejoindront les équipes des organisations internationales, des administrations ou des entreprises agroalimentaires, Carlo Petrini sait que la révolution qu'il opère est lente, douce mais solide. S'il se déclare « en solidarité totale » avec José Bové, on sent bien que son approche est radicalement différente. Il s'attache à construire plutôt qu'à détruire. Il parie que l'appel à un nouvel hédonisme est un message plus efficace que la culpabilisation par les pétitions et les coups d'éclat médiatiques. Le combat de Slow Food est évidemment engagé pour une agriculture plus durable car « manger moins, manger mieux », le slogan de l'association, revient avant tout à « cultiver moins, cultiver mieux ». Dans le contexte de remise en cause du productivisme alimentaire, qui a abouti aux crises de la vache folle ou de la grippe aviaire, l'engagement pour une éco-gastronomie est plus que jamais d'actualité.

Nombreux sont ceux qui affirment que « Petrini est un génie ! ». La petite association, créée il y a quinze ans par une bande de militants idéalistes, est devenue une formidable machine. Ses quatre-vingt mille membres lui permettent de rivaliser avec les grands du secteur en utilisant leurs propres armes, du marketing viral à la communication par les sens. Au-delà du combat de Carlo Petrini, Slow Food est un excellent exemple d'une approche radicalement moderne, qui marie à merveille un engagement fort pour des valeurs humanistes avec les outils de l'entreprise moderne. En définitive, Carlo Petrini démontre une évidence : pour construire le monde dont on rêve, il faut donner à tous l'envie d'y vivre !

Un autre pionnier sur le thème des modes de vie :

François Lemarchand rejoint lui aussi l'analyse de Carlo Petrini sur la nécessité de reconnecter les populations urbaines avec les campagnes. Le fondateur des magasins Nature & Découvertes s'est donné pour mission de faire redécouvrir la nature à des populations citadines. On trouve dans ses magasins aux ambiances douces et étudiées tous les objets utiles pour recréer ce lien à la Nature, du télescope à l'outillage de jardin. Faire connaître pour faire respecter. L'entreprise affiche clairement sa vocation militante. Nature & Découvertes est d'ailleurs reconnue en France comme une entreprise pionnière de la responsabilité sociétale. Un dixième de ses bénéfices est reversé à des projets de préservation de la biodiversité et N&D, en 1995, fut la première société en France à publier un rapport de développement durable. Pour François Lemarchand, expert reconnu en marketing, les consommateurs s'intéressent désormais plus à ce qu'ils font qu'à ce qu'ils ont.

Il affirme que nous entrons dans une ère de richesse de l'être et prédit même que l'acte de consommation commence à véhiculer une valeur quasi négative et bientôt dépassée... Si son instinct des tendances est une fois de plus avéré, attendons-nous à une vraie révolution !

II.

L'ASIE

Dr. Govindappa Venkataswamy – Madurai
(Tamil Nadu/Inde)
Fondateur de l'hôpital de chirurgie ophtalmologique Aravind.
David Green – San Francisco *(Californie/États-Unis)*
Fondateur de l'entreprise Project Impact.

Le McDonald's de la cataracte

Défi : *Généraliser l'accès aux soins à tous ceux qui en ont besoin.*
Idée reçue : *« Un projet incontestablement juste et charitable qui engendrera un gouffre financier. »*
Solution durable : *Concevoir un nouveau modèle d'interventions de la cataracte plus productif, sans nuire à la qualité des opérations, tout en suscitant une solidarité naturelle des patients les plus aisés à l'égard des plus pauvres.*

Lorsque nous découvrons Madurai, la capitale de l'État du Tamil Nadu en Inde, cela fait bientôt un mois que nous parcourons le sous-continent et tentons présomptueusement d'en appréhender la culture. L'Inde est troublante par bien des aspects, mais ce qui nous perturbe, au-delà des vaches sacrées et des plats trop épicés, c'est qu'on se laisse facilement prendre au piège du dialogue culturel... Les Indiens nous semblent proches, ils nous ressemblent physiquement et parlent assez bien anglais. Mais cela s'arrête là. Tout le reste est totalement différent, exotique au mieux, incompréhensible au pire. C'est au hasard de nos recherches sur Internet que nous avons entendu parler de l'expérience étonnante de l'Aravind Eye Hospital et de son fondateur, l'emblématique Dr V. Ce nom digne des meilleurs James Bond est celui d'un octogénaire qui dirige encore l'hôpital de soins oculaires de Madurai. Dans une ville sale et grouillante, nous pénétrons dans un hôpital moderne où fourmille une foule de patients et d'infirmières affairées. Nous venons y rencontrer son fondateur et gourou.

Govindappa Venkataswamy, surnommé « Dr V. », est l'un des chirurgiens indiens les plus reconnus, et il est estimé que plus de cent mille patients sont passés entre ses mains. Pourtant, la première chose qui nous a frappés en le rencontrant est la déformation de ses doigts. Une très grave arthrose le ronge depuis plus de cinquante ans... Son initiative, à l'image de sa vie, nous a laissé admiratifs.

On compte aujourd'hui dans le monde quelque 45 millions de non-voyants et 135 millions de malvoyants. On estime que, si rien n'est fait, ces chiffres vont doubler d'ici à 2020. La cataracte, une maladie due au vieillissement et à des carences alimentaires, est à l'origine de 80 % des cas de cécité, principalement en Asie et en Afrique. Or, cette maladie peut être soignée par une intervention assez simple, qui consiste à remplacer le cristallin devenu opaque par une lentille artificielle parfaitement transparente. Cette opération de chirurgie fait toutefois appel à des techniques perfectionnées et à un personnel qualifié. Dans les cliniques spécialisées, elle coûte, par conséquent, très cher. Ces coûts, le Dr. V. a trouvé le moyen de les diminuer radicalement pour permettre à des centaines de milliers de patients de recouvrer la vue, grâce à un modèle salué par l'OMS, l'Organisation mondiale de la santé.

Fils d'un fermier du sud de l'Inde, Govindappa a grandi dans un petit village du Tamil Nadu. Enfant, il passe ses journées à aider aux champs et à surveiller les buffles de sa famille. Ce n'est qu'à la tombée de la nuit qu'il peut utiliser le temps qui lui reste pour apprendre à lire et à écrire, à même le sol, sur la terre battue d'une école de fortune. Malgré ces conditions difficiles, ses efforts lui permettent d'entrer à l'université. Il y décroche en 1944 un diplôme de médecine. Quelques mois plus tard, il s'engage dans l'armée britannique afin de participer à l'effort de guerre. À son retour en 1947, il assiste à la mort en couche de trois de ses cousines, et décide de faire de l'obstétrique sa spécialité. Mais une année plus tard, il est victime de très sévères crises d'arthrite déformante, aussi brutales qu'inexpliquées. Ses membres le font atrocement souffrir et, en quelques mois, il se retrouve cloué à un lit d'hôpital sans pouvoir bouger. Ce n'est qu'après un an d'efforts qu'il parvient, suite à un programme herculéen de rééducation, à se lever seul. De terribles séquelles le poursuivent encore actuellement, ses doigts sont tordus, sa démarche difficile et sa souffrance aussi intense que silencieuse.

Incapable alors de pratiquer l'obstétrique, il se forme tout seul à la chirurgie ophtalmique. Très rapidement, il devient un chirurgien reconnu et prend en charge la responsabilité du service de soins oculaires de l'hôpital public de Madurai. Malgré son handicap, il devient l'un des meilleurs chirurgiens d'Asie et opère quotidiennement des dizaines de patients. Pendant ces deux décennies, il se bat pour obtenir des fonds du gouvernement central indien afin de monter des camps mobiles, unique moyen selon lui d'atteindre et de soigner les patients les plus pauvres dans les villages reculés. Ceux-ci, ignorant que l'on peut soigner cette maladie, perdent la vue en quelques mois à peine. Ils sont considérés par leurs proches, selon le Dr. V., comme « des bouches à nourrir, sans bras pour travailler ».

Cette première initiative, réussie, nourrit son ambition grandissante.

Lors de sa retraite forcée, il monte enfin son propre hôpital. L'Aravind Eye Hospital, modeste établissement de onze lits, voit le jour en 1976. Il y applique un modèle inédit. Les patients qui peuvent payer sont facturés pour pouvoir financer les soins gratuits des plus pauvres. Un tiers des patients paie donc un prix normal, les deux autres tiers sont opérés gratuitement. L'hôpital, économiquement indépendant et parfaitement rentable, s'agrandit rapidement. Deux années plus tard, un nouveau bâtiment est construit pour accueillir une centaine de lits. Les patients affluent. On forme de nouveaux chirurgiens et infirmières et de nombreux camps mobiles dans les campagnes sont organisés afin d'opérer les paysans sans ressources. Deux nouveaux hôpitaux sont inaugurés dans des villes de l'État. En recouvrant la vue, les patients du Dr. V. peuvent de nouveau être actifs. Une étude menée auprès de ceux qui ont perdu leur emploi suite à leur cécité montre que 85 % d'entre eux sont parvenus à le récupérer après l'intervention !

Cependant, un problème demeure. Pour réaliser l'opération de la cataracte, les chirurgiens doivent acheter les lentilles à des prix prohibitifs, entre 150 et 300 dollars. Seules quelques multinationales occidentales se partagent le marché. Aux États-Unis par exemple, la moitié des personnes entre soixante-quatre et soixante-quinze ans est atteinte de la cataracte et un million trois cent mille patients sont opérés chaque année. Marché juteux pour les laboratoires pharmaceutiques puisque le coût total de cette maladie aux États-Unis est de 3,4 milliards de dollars. Mais pour ces entreprises bardées de brevets, le marché indien, bien qu'important en volume, ne représente quasiment rien en valeur. David Green, un Américain partenaire de longue date de l'hôpital, et que nous rencontrerons à San Francisco quelques mois plus tard, s'occupait de récupérer gratuitement des lentilles auprès de fabricants sensibilisés à sa cause. Jusqu'au jour où ils décidèrent simplement d'arrêter leurs dons.

Alors que les équipes de son projet se mettent en tête de trouver de nouveaux financements pour les acheter, David Green prend le problème à l'inverse. Il veut parvenir à fabriquer ces lentilles en Inde, à faible coût. En 1992, il réunit des ophtalmologistes, des scientifiques à la retraite et des chercheurs entre deux postes pour imaginer comment produire les lentilles sans casser de brevets. Aurolab, société indépendante de l'hôpital à but non lucratif, est alors créée afin de tenter l'expérience. Grâce à une main-d'œuvre bon marché mais surtout une baisse des coûts et une production à grande échelle, les premières lentilles sont vendues à 10 dollars pièce, soit entre quinze et trente fois moins que les prix courants.

De la lentille à l'opération, les deux entrepreneurs David Green et le Dr. V. ont profondément révolutionné les modèles traditionnels pour réduire drastiquement les prix. À la suite d'une visite aux États-Unis, le Dr. V. s'émerveille devant le succès des restaurants McDonald's et annonce : « Si l'on peut inventer une organisation capable de vendre des hamburgers de bonne qualité, à chaque coin de rue du pays et à un prix abordable, pourquoi ne pas utiliser ces trésors d'inventivité et d'efficacité pour une cause plus noble : celle de rendre la vue ? » Il veut créer le « McDo » de la cataracte. Les patients opérés ne restent que quelques heures, les matériaux utilisés pour les lits et les chambres sont locaux et peu chers. Les équipes opèrent plusieurs patients dans chaque salle. Une fois l'intervention achevée sur l'un, le chirurgien se retourne et commence sur l'autre pendant que les infirmières terminent et font entrer le suivant... Le Dr. V. nous confie : « En augmentant le nombre de patients opérés chaque jour, sans jamais sacrifier la qualité de nos interventions, nous avons réduit les coûts de cette opération de 1700 dollars aux États-Unis à 10 dollars à Madurai ! »

Les résultats d'Aurolab et des hôpitaux Aravind prouvent le succès du modèle. Chaque jour, 2 800 lentilles sortent des usines à des prix unitaires qui atteignent désormais 5 dollars. Troisième producteur mondial en volume, Aurolab exporte désormais ses lentilles, ainsi que du matériel médical et des produits pharmaceutiques nécessaires à l'opération, vers plus de cent vingt pays dans le monde. Un centre de recherche et une « banque des yeux [1] » ont pu être créés. Et vingt à vingt-cinq camps mobiles par semaine sont organisés pour assurer des soins et la prévention dans les zones rurales.

Le groupe Aravind compte désormais cinq hôpitaux et accueille un million cinq cent mille patients chaque année. Sur deux cent mille opérations annuelles, 47 % sont gratuites pour le patient, 18 % à un prix plus faible que le prix de revient. Seuls 35 % des patients payent le prix normal pour financer l'ensemble. Et le plus surprenant, c'est que personne à l'hôpital ne vérifie les revenus des patients ! Une personne aisée pourrait théoriquement être opérée gratuitement. Le Dr. V. nous confie : « Je ne suis pas contrôleur de gestion, mon objectif est de rendre la vue. » Le système se régule de lui-même et personne ne triche. Les personnes aisées sont souvent prêtes à payer pour éviter de faire la queue et parce qu'elles croient au modèle.

Depuis le début de l'aventure, les hôpitaux Aravind ont vu passer seize millions de patients et en ont opéré avec succès un million huit cent mille. Toujours indépendant, le groupe autofinance sa croissance et n'a jamais été aidé par une quelconque fondation [2]. L'intégralité des

1. La banque des yeux permet de redonner la vue à des patients grâce à des greffes d'organes.

2. La banque des yeux est la seule exception car elle est financée par les dons du Rotary Club International.

profits – des bénéfices sont dégagés chaque année – est réinvestie pour dupliquer le modèle et construire de nouveaux hôpitaux. Aravind est considéré comme l'un des centres mondiaux d'expertise en chirurgie ophtalmologique et l'OMS en a fait son hôpital modèle de lutte contre la cécité. Dans cette spécialité, un chirurgien asiatique sur dix est formé dans un des hôpitaux du groupe. Et il n'est pas rare de croiser dans les couloirs de l'hôpital des chirurgiens en formation européens, japonais ou américains. Enfin, depuis quelques années maintenant, des hôpitaux suivant le même modèle ont été montés au Cambodge, au Népal, en Égypte ou au Malawi.

David Green est devenu, quant à lui, un croisé du transfert de technologies du Nord vers le Sud. L'OMS nous apprend que 90 % des médicaments et matériels médicaux sont produits aux États-Unis, en Europe et au Japon. Sa tâche est immense. Il a transposé le modèle des lentilles aux appareils auditifs et bientôt, aux médicaments de trithérapie. Alors que les appareils auditifs coûtent entre 1 500 et 3 000 dollars dans les pays développés, lui parvient à les vendre quarante dollars ! « Il y a un fabuleux marché de deux cent cinquante millions de sourds et malentendants dans les pays en voie de développement, et il est totalement inexploité. Mon objectif est de vendre cinq cent mille appareils dans les cinq années qui viennent. » David Green applique le raisonnement de Ford démocratisant l'automobile au secteur de la santé. Il était temps d'y penser...

Lorsque nous l'avons rencontré David Green venait d'intervenir au sommet de Davos, et il nous a confié ses difficultés à convaincre les managers des multinationales traditionnelles. « Le souci est que ces sociétés cotées sont dessinées pour maximiser le retour rapide sur investissement et que même avec de la bonne volonté, elles doivent satisfaire des actionnaires de plus en plus gourmands. » La finalité de sa nouvelle approche est tout à fait différente.

Il veut rendre les technologies et les remèdes accessibles au plus grand nombre et à moindre coût, sans marketing ni royalties à verser. Il est persuadé que son modèle peut largement être dupliqué par des entrepreneurs sociaux à travers le monde, pour peu que l'on démystifie la structure des coûts. « Oui, il est possible de produire des traitements à bas prix, de bonne qualité, sans casser de brevets. Nous l'avons prouvé avec les lentilles intraoculaires et nous sommes en train de le faire avec les appareils auditifs. » David nous a ouvert les yeux sur le potentiel exceptionnel de ces nouveaux entrepreneurs qui, pour changer le monde, créent des entreprises.

Quant au Dr. V., lorsque l'on aborde avec lui toutes les réussites qui ont jalonné ses trente dernières années, il nous rappelle humblement, au crépuscule de sa vie, le long chemin qu'il reste à parcourir pour éradiquer définitivement la cécité à travers le monde. Son expérience, sa volonté inébranlable et sa vision nous en montrent la voie.

Dr. Chandra Gurung – Katmandou *(Népal)*
Fondateur du premier parc naturel d'écotourisme au Népal.

Écotourisme au Népal

Défi : *Comment développer une région pauvre et les revenus de ses habitants sans dégrader l'environnement local.*
Idée reçue : *« On ne peut pas avoir un tourisme vert et un tourisme juteux. »*
Solution durable : *Permettre d'augmenter les revenus des populations locales en faisant d'eux les principaux protecteurs des écosystèmes.*

Parcourant l'Inde depuis deux mois, nous nous sommes habitués à la foule. Le milliard d'habitants que compte le sous-continent ne passe jamais inaperçu, et tout en Inde se fait obligatoirement au milieu d'une multitude grouillante. Après un séjour dans la ville sainte de Bénarès, nous prenons la route vers l'un des plus beaux pays au monde, le Népal. Par réaction sans doute, nous décidons de partir nous isoler dans le parc national du massif des Annapurnas, en plein cœur de la chaîne de montagnes himalayennes. Pendant huit jours de trekking, nous marchons et côtoyons une population discrète, accueillante et souriante, évoluant au beau milieu de splendides paysages de sommets, couverts de neiges éternelles. Dans cette région inhospitalière à nos yeux occidentaux, les Népalais vivent simplement, de l'élevage de yaks et des devises dépensées dans les auberges et les échoppes de thé par les randonneurs de passage. Aucune route ne dessert la région, tout est acheminé à pied ou à dos d'âne. Ici, le temps semble s'être arrêté, tout est calme, on vit au rythme du soleil. Dans l'atmosphère grandiose des cimes, de nombreuses rencontres nous font découvrir peu à peu les riches facettes de cette ethnie montagnarde. Rarement pendant le voyage aurons-nous eu le sentiment de nous plonger si intensément dans une culture pourtant si différente de la nôtre.

Le trek prend fin. Nous sommes de retour à Katmandou, la capitale du pays, où nous cherchons à identifier celui ou celle qui est à l'origine de la politique népalaise de conservation des parcs naturels et autres réserves d'animaux. Nous rencontrons pour cela le responsable national du WWF. Chandra Gurung, l'ancien directeur de la « King Mahendra Trust for Nature Conservation[1] » (KMTNC), nous accueille chaleureusement dans ses locaux. Au bout de quelques minutes d'entretien, nous comprenons avec surprise que Chandra est exactement celui que nous cherchons. C'est en effet lui qui, au milieu des années 1980, a réussi à impliquer les populations locales, pour faire du parc national des Annapurnas un modèle mondialement reconnu d'écotourisme.

Le Népal, seul royaume hindou au monde, est l'un des pays les plus pauvres d'Asie. Sur une population de vingt-trois millions d'habitants, 42 % vivent en dessous du seuil de pauvreté, c'est-à-dire avec moins de un dollar par jour. Sur ce territoire exigu dominé par les plus hautes montagnes du monde, neuf habitants sur dix sont des

1. Le groupement du roi Mahendra pour la conservation de la nature.

fermiers et la grande majorité d'entre eux vit sur la seule zone propice à l'agriculture : le Teraï, proche de la frontière indienne. La densité de population y est telle[1] que le potentiel de développement du pays n'est plus agricole, il n'y a plus de place... Dans ces conditions, de nombreux efforts ont été engagés depuis plus de vingt ans pour développer le tourisme. Paradis pour les montagnards en quête d'aventures extrêmes et pour les amoureux de la faune sauvage, le Népal fait rêver. Et le tourisme est rapidement devenu le premier secteur économique du pays, mais au prix d'une inquiétante pression sur les écosystèmes locaux.

La région des Annapurnas s'étend sur 7 600 kilomètres carrés (5 % du territoire national) avec une population de 120 000 habitants. On y parle une centaine de langues différentes dans plus de quatre-vingt-seize ethnies. La région des Annapurnas est aussi l'habitat fragile de 1 226 espèces de plantes, 101 de mammifères, 478 d'oiseaux et 39 de reptiles. Cette région offre aux randonneurs passionnés de splendides paysages. Et, grâce à la notoriété des exploits de Maurice Herzog[2], la région des Annapurnas est devenue la principale destination touristique du pays. Pour accueillir les touristes, mais aussi à cause de l'augmentation importante de la population (2,3 % par an, elle double tous les trente ans) les populations utilisent massivement du bois comme source de chauffage. Le risque écologique est majeur, et pas uniquement pour le maintien de la biodiversité. Le Programme des Nations unies pour l'environnement (PNUE) a déclaré cette zone comme la plus exposée d'Asie à de futures catastrophes naturelles. En coupant massivement des forêts pour cuire leurs aliments et chauffer leurs habitations et

1. On compte 12 habitants par hectare de zone cultivable quand les autres pays d'Asie du Sud-Est ont à peine 5 à 6 habitants par hectare.

2. Maurice Herzog a été le premier alpiniste à gravir l'Annapurna 1, un sommet de plus de huit mille mètres d'altitude.

les refuges pour touristes, les populations locales dérèglent l'écosystème local, menacent gravement la biodiversité et s'exposent aux dangers d'une mousson sur des flancs de montagnes déboisés.

En 1986, devant une déforestation massive (de l'ordre de cinquante mille hectares par an) et une production de déchets en explosion, le roi Mahendra décide de faire du massif des Annapurnas une zone de conservation dont il confie la gestion à une ONG basée à Katmandu : la KMTNC. Chandra Gurung nous confie : « À cette époque, le modèle de référence était Chitwan, le premier Parc national, gardé par l'armée depuis 1973. » Celui-ci est conçu comme un enclos totalement fermé aux communautés locales, considérées alors comme une menace pour la conservation de la faune et la flore sauvage. Les populations, coupées de ressources naturelles comme le bois ou les plantes médicinales, sont aussi privées de moyens de subsistance. Sans cueillette ni chasse, ils peinent à subvenir à leurs besoins. Dans une ambiance de mécontentement général, les rixes avec l'armée se multiplient.

Prenant le contre-pied des pratiques de l'époque et contre l'avis de nombreux spécialistes mondiaux de la conservation, Chandra Gurung refuse de faire de ces zones des parcs « sous cloche ». Après une étude de huit mois au contact des populations dans des régions proches de son village natal, il acquiert la certitude que « la conservation des espaces naturels et le développement économique des populations sont compatibles et que la participation des communautés est même la principale clef du succès ». Chandra n'a rien d'un apparatchik. Il a grandi pendant quinze ans dans le petit village de Siklis, au pied du Macchapuchare, un des plus beaux sommets népalais. Son frère et sa sœur, respectivement parents de sept et neuf enfants, y résident encore. Plus que personne, il comprend que, si l'on sensibilise les communautés aux enjeux écologiques locaux et que des alternatives viables soient imaginées, ils seront les premiers à agir pour la conservation de leur région.

Il engage alors de nombreuses campagnes de sensibilisation. Il y explique que l'écosystème de leurs régions, ses forêts, sa faune et sa flore sont pour eux un véritable capital. À condition d'être bien valorisé, il générera d'importants revenus. On peut à la fois attirer les touristes pour améliorer le niveau de vie local, tout en minimisant leurs impacts négatifs sur l'environnement. Chandra Gurung forme des comités de développement dans cinquante-cinq villages du parc. Chacun d'entre eux est chargé de mettre en place des projets locaux pour la conservation de ressources, d'installer des sources d'énergies alternatives ou d'assurer la préservation de l'héritage culturel (temples, monuments et moulins à prières). Ainsi, des chauffe-eau solaires assurent aux habitants de l'eau chaude sans consommation de bois, des mini barrages sont installés sur les cours d'eau pour générer l'électricité nécessaire à l'éclairage des maisons. Autre exemple, la chasse aux mammifères est interdite et ce sont les villageois eux-mêmes qui font respecter cette loi. Des pépinières sont créées pour reboiser les forêts. Et pour attirer plus de touristes, on forme les responsables et les cuisiniers des refuges à préparer d'autres plats que le fameux dalbhat, le plat national népalais à base de riz et de lentilles. Un plat délicieux mais lassant lorsqu'il est servi à tous les repas pendant quinze jours. Les comités ont aussi mis en place un système pour limiter les déchets d'emballage plastique. Ils fournissent de l'eau potable à chaque étape de la randonnée et évitent ainsi que des milliers de bouteilles soient jetées dans la nature. On collecte, on réutilise et on recycle les autres déchets. Un code de conduite écologique pour les randonneurs a même été édité, à l'initiative d'un comité de villageois.

Tous ces aménagements ont été choisis par les communautés locales suite à des formations dispensées par la KMTNC. Ils ont été financés, à moitié par elles et à moitié par un droit d'entrée de 25 euros, dont chaque randonneur doit s'acquitter. Quinze années plus tard, les résultats prouvent que le pari de Chandra Gurung a été gagné. La majorité des mille cinq cents refuges du parc fonctionnent à l'énergie solaire ou hydraulique, la quantité de déchets a été radicalement réduite et la déforestation stoppée. Et il n'est plus rare d'observer des traces de léopard des neiges, espèce que l'on croyait condamnée à disparaître.

Parallèlement, les revenus des populations ont sensiblement augmenté. Un randonneur dépensait en 1986 l'équivalent de 3 euros par jour et seuls 7 % de ces revenus restaient dans les communautés locales. Le solde revenait aux organisateurs de trek ramenant directement de la capitale Katmandou les guides, le matériel, l'alimentation et même les porteurs. Désormais, les touristes dépensent plus de 20 euros par jour dont plus de 60 % reviennent aux paysans devenus aubergistes. En 2001, soixante-quinze mille touristes sont venus dans la région des Annapurnas et ce modèle, désormais reconnu comme un formidable succès par la communauté internationale, est en passe d'être reproduit dans d'autres zones de conservation du Népal comme le Kangchenjunga et le Manaslu. Ce qui nous a frappés le plus lors de cette randonnée, c'est d'observer que les Népalais ne dépensent pas intégralement leur revenu supplémentaire pour agrandir leurs maisons ou s'acheter des biens de consommation. Ils s'attachent aussi à l'investir dans la rénovation de leurs monuments et dans la construction d'écoles, pour valoriser leur patrimoine et préparer l'avenir.

Désormais directeur national du WWF, Chandra Gurung a dû quitter la KMTNC après deux mandats de quatre années. Il enfourche désormais de nouveaux chevaux de bataille comme celui du retour du rhinocéros dans certains parcs nationaux. Il lutte également contre l'ouverture aux touristes étrangers du mythique royaume du Mustang, une zone reculée proche du Tibet. Son expérience et ses convictions le poussent à penser qu' il est encore trop tôt pour ouvrir massivement cette zone au tourisme. Aucune infrastructure n'est encore construite et les populations ne sont pas formées. Malheureusement, le gouvernement de cette jeune démocratie [1] semble plus intéressé par les profits immédiats que par la vision de sagesse que Chandra incarne. « Il fut très difficile de faire passer mes idées la première fois sur le parc des Annapurnas. Ça l'est aussi pour le Mustang, mais je garde confiance. J'y parviendrai. » Nous l'espérons tous...

---

1. Le pays s'est ouvert en 1990 mais connaît une certaine instabilité politique depuis 1996 où une rébellion maoïste sévit dans certaines régions.

Sulo Shrestha Shah - Katmandou *(Népal)*
Fondatrice de Formation Carpets,
une société de confection de tapis.

Pour changer le monde, elle a créé sa boîte

Défi : *Émanciper les femmes et améliorer la situation des populations pauvres du Népal.*
Idée reçue : *« Un modèle d'entreprise sociale et éthique n'est pas viable dans un pays aussi pauvre que le Népal. »*
Solution durable : *Créer une entreprise productive et profitable et qui prend en charge l'éducation des enfants...*

Alors que nous revenons courbaturés et fourbus de notre randonnée dans les Annapurnas, notre rencontre avec Sulo Shah a radicalement rechargé nos batteries. L'énergie sereine que dégage cette élégante Népalaise d'une cinquantaine d'années est très communicative. Et quand on est native, comme elle, d'un pays ravagé par l'illettrisme et la pauvreté, cette énergie ne demande qu'à être utilisée...

Lorsque Sulo Shah, issue d'une famille aisée de Katmandou, revient d'Allemagne au milieu des années 1980, avec un doctorat de mathématiques en poche, elle a la ferme intention de faire évoluer le Népal. Elle obtient un poste au ministère de l'Éducation nationale. Jeune et ambitieuse, elle commence par s'attaquer à une véritable montagne, la refonte des programmes des écoles de son pays. Sa première confrontation avec les lourdeurs bureaucratiques et la « politique » de bureau lui laisse un souvenir amer... Après trois ans d'efforts et une énième proposition rejetée pour des raisons absurdes, elle démissionne. Un des collaborateurs qui l'entourent à l'époque lui expose alors assez clairement ses choix. « Soit tu agis comme un leader inspirant, soit tu ne fais rien... » N'ayant nullement l'intention de ne rien faire et se sentant encore un peu jeune pour incarner un quelconque leadership, Sulo Shah va suivre encore un temps le mouvement en rejoignant les rangs d'une ONG.

Plus de huit cents organisations non gouvernementales sont répertoriées à Katmandou et l'aide internationale représente 60 % du budget de l'État. Sulo se retrouve donc avec l'embarras du choix. Elle intègre une association agissant dans le domaine de l'éducation dans des villages reculés. Avec une attitude résolument tournée vers la responsabilisation des populations, elle obtient d'excellents résultats. Mais, une fois de plus, les chamailleries internes, l'attitude condescendante des autres membres du bureau et l'impression générale de travailler dans ce que Sulo Shah décrit comme « une ferme à dollars » la déçoivent. Elle quitte à nouveau l'organisation car elle n'a pas pu faire fructifier ses idées... Deuxième déception.

Sulo est désormais bien décidée, elle ne veut plus de patrons, et crée donc une entreprise. « Je ne suis pas Mère Teresa, nous dit-elle, mais j'ai tout de même ressenti le besoin de réaliser enfin des choses concrètes et bénéfiques pour les gens autour de moi. » Puisque les programmes classiques pour améliorer le niveau d'éducation n'avancent pas assez vite à son goût et qu'elle ne croit plus au modèle de l'aide internationale, c'est bien une entreprise privée qu'elle décide de monter. Et l'activité sera un moyen d'améliorer durablement les conditions de vie des populations locales, en les employant. L'entreprise devra évidemment être rentable pour assurer la pérennité du modèle. Dans ce nouveau rôle d'entrepreneur, Sulo va pouvoir mettre à profit son énergie, sa créativité et son incroyable facilité à emporter l'adhésion de ses interlocuteurs.

Sous le nom de *Formation Carpets*, cette fabrique de tapis artisanaux commence timidement son activité en 1992. Avec six employés au démarrage, Sulo se démène pour aller vendre ses produits aux États-Unis et en Allemagne. Ignorant tout du milieu de la fabrication de tapis, son bagout lui permet de convaincre un haut dignitaire de l'inclure dans un voyage qu'organise l'ONU pour des entrepreneurs de confection népalais aux États-Unis. Non seulement elle parvient à s'immiscer dans ce club d'entrepreneurs reconnus, donnant ainsi à sa marque une certaine notoriété, mais elle remporte là-bas l'un des plus beaux contrats du voyage auprès d'un acheteur américain tombé sous le charme de cette femme de conviction. Les résultats suivent rapidement avec l'embauche de trente salariés dès la première année, puis trente autres deux ans plus tard. Les employés, dont la quasi-totalité sont des femmes, sont issus des classes les plus pauvres de la société.

Bien évidemment, l'engagement social est ancré au cœur de l'activité de *Formation Carpets*. Dès le début, la société se démarque en interdisant systématiquement le travail des enfants. « Lorsque j'ai commencé, déclare Sulo Shah, je n'étais pas vraiment consciente des enjeux du travail des enfants, et je me contentais de les renvoyer quand je les voyais traîner dans l'atelier. Bien vite, j'ai compris qu'il était tout simplement impossible aux parents d'élever leurs enfants dans ces conditions. » Elle décide donc de créer une école attenante à l'usine afin de leur réserver un sort meilleur que celui de leurs parents qui ont bien souvent commencé à travailler dès l'âge de huit ans. Pour financer ces mesures, il a fallu augmenter les prix et expliquer aux clients finaux qu'il existe un prix juste en dessous duquel il est impossible de travailler décemment.

Pour les informer de cette nouvelle démarche, elle imagine le premier label éthique des ateliers de confection de tapis.

L'association « Rugmark », fondée à l'initiative d'entrepreneurs comme Sulo et d'ONG, a ainsi permis à quelque deux mille enfants d'être retirés des bancs de tissage pour être placés sur des bancs d'école. Le mouvement a surtout participé à une prise de conscience de la cause des enfants par l'ensemble du secteur. Alors qu'en 1997 la moitié des mains qui confectionnent les tapis au Népal sont encore celles d'enfants de moins de quatorze ans, le chiffre chute à moins de 5 % dès 1999 [1]. Mais Sulo Shah ne se contente pas d'agir pour les enfants. Elle met également sur pied un large programme de couverture santé pour ses employés et les oblige à prendre un jour de repos par semaine. Par tous les moyens, elle tente de les faire sortir de ce qu'elle dénonce comme « une mentalité d'esclave » et propose de nombreux cours d'alphabétisation. Bien entendu, elle offre aussi des salaires décents et force les équipes à mélanger les différentes castes pour mettre fin à toute forme de discrimination.

Comme on l'imagine, ces bonnes pratiques favorisent un excellent climat dans l'entreprise. Elles favorisent aussi les ventes car le marché commence à regarder de plus près les conditions de travail, et la démarche pionnière de Formation Carpets séduit. Mais c'est dans les moments plus difficiles que la solidité du modèle est vérifiée. Une année, le nombre de commandes chute brutalement car le marché allemand est en berne. Sulo se voit obligée d'effectuer ses premiers licenciements pour sauver l'entreprise. « Je n'étais pas très fière lorsque j'ai annoncé la décision à mes employés. Mais quelle surprise lorsque trente-cinq femmes se sont portées spontanément volontaires pour éviter aux

1. Source : State of the World's Children de l'UNICEF, 1997. Rapport d'analyse de la situation de l'industrie du tapis au Népal, septembre 1999.

filles dans les situations les plus précaires d'être touchées ! » Sulo comprend alors que ses efforts sont payants. Deux mois plus tard, lorsque la demande finit par rebondir, tout le monde est réembauché. Le groupe ressort plus soudé que jamais.

Aujourd'hui, la société emploie plus de cent soixante salariés et a été reconnue par l'ONU comme un exemple d'émancipation durable des femmes par le travail. L'expérience de Sulo Shah et de son entreprise à taille humaine nous a clairement montré le potentiel de changement qu'un entrepreneur sensibilisé peut avoir sur la société. L'entreprise est un cadre possible, qui, c'est le moins qu'on puisse dire, a mieux convenu au tempérament de Sulo Shah que les univers administratifs ou associatifs. D'ailleurs, les 25 % de profit que dégage, les bonnes années, Formation Carpets lui permettent aujourd'hui de dupliquer son modèle. En business woman aguerrie, elle a décidé de créer une société holding qui investit dans des entreprises similaires, de fabrication de tapis, de textile ou de papier. Elle les transforme selon le modèle « social » de Formation Carpets. « Si nous y parvenons, pourquoi les autres n'y parviendraient pas ? » Voilà la dérangeante question que Sulo Shah pose avec son air faussement naïf à tous les entrepreneurs au Népal.

Muhammad Yunus – Dacca *(Bangladesh)*
Fondateur de la Grameen Bank,
la première banque de micro-crédit au monde.

« Vers un monde sans pauvreté »

Défi : *Comment aider les populations les plus défavorisées à se sortir d'une situation d'extrême pauvreté, sans entrer dans une logique d'assistanat ?*
Idée reçue : *« Les banques ne prêtent qu'aux riches. »*
Solution durable : *Inventer une banque qui permet à trois emprunteurs sur quatre de se sortir d'une situation d'extrême pauvreté, et l'appliquer dans le monde entier.*

Le Bangladesh est l'un des pays les plus pauvres du monde. Cent vingt millions de personnes vivent sur un territoire d'une superficie équivalente au quart de celle de la France. Nous arrivons à Dacca, la plus grande ville du pays et la capitale mondiale du rickshaw, ces taxis tirés à bras d'hommes. Vue d'Europe, cette région du monde ne nous est montrée qu'à l'occasion de catastrophes naturelles. Chaque année en effet, le pays doit faire face à de graves inondations en période de mousson. En débarquant, nous nous attendons donc à un pays en urgence perpétuelle. Ce que nous découvrons, en plein ramadan, c'est une république islamique plutôt modérée, peuplée d'hommes et de femmes souriants, curieux et très accueillants. Tous nos interlocuteurs n'en reviennent pas que des Occidentaux puissent s'intéresser à leur nation, et encore moins pour y avoir identifié des entrepreneurs à succès. Mais ce pays que nous imaginions perdu nous a permis d'étudier quelques-unes des initiatives les plus réussies et les plus prometteuses de notre voyage.

Nous avons tous des modèles, des héros, des hommes ou des femmes que nous rêvons d'approcher au moins une fois dans notre vie. Eh bien, nous avons rencontré le nôtre. Surpris par le fait qu'un certain nombre de nos proches ignorait encore son histoire, notre reportage est né de l'idée que nous pourrions être utiles en parvenant, à notre échelle, à faire davantage connaître des entrepreneurs de sa trempe. Muhammad Yunus est le créateur du concept de microcrédit, une des plus importantes innovations du XXe siècle en matière de lutte contre la pauvreté. Il rêve, dans les années qui viennent, d'améliorer la vie quotidienne d'au moins cent millions de personnes à travers le monde. Comment ce professeur d'économie, grâce à une idée toute simple, a créé en quelques années un phénomène susceptible de « renvoyer la pauvreté dans les musées » ?

Troisième fils d'une famille de quatorze enfants, dont cinq disparus à la naissance, Muhammad Yunus est né au Bengale occidental en 1940, alors encore en territoire indien. Son père est propriétaire d'une modeste joaillerie et pousse ses enfants à étudier longuement, et sérieusement. À la suite d'un parcours scolaire brillant, Muhammad se voit offrir une bourse pour passer un doctorat aux États-Unis. Le sujet principal de ce jeune homme d'à peine vingt ans est « l'économie et le développement ». Il y passe sept ans de sa vie, et devient professeur d'économie à l'université du Colorado. En 1971, la partition du Pakistan voit naître un nouvel État indépendant, le Bangladesh. Il décide de rentrer et obtient un poste au département d'économie de l'université de Chittagong, la deuxième ville du pays. Trois années après son retour, une terrible famine s'abat sur le pays, tuant plus d'un million et demi de personnes. Cet événement va changer sa vie : « Les gens mouraient de faim dans la rue et moi je continuais à enseigner d'élégantes théories économiques sans aucune prise avec la réalité. J'ai commencé à comprendre qu'il était très arrogant de prétendre avoir toutes les réponses, protégé comme je l'étais dans une salle de classe. J'ai décidé que les pauvres eux-mêmes deviendraient mes professeurs. »

Pendant l'année 1976, il se rend avec ses étudiants dans le village de Jobra, juste à côté de son université pour entamer un dialogue avec ses habitants. Au bout de quelques mois, il commence par monter une coopérative pour les agriculteurs du village et s'attelle à résoudre des problèmes d'irrigation, une des principales causes des mauvaises récoltes de l'époque. Mais, rapidement, il prend conscience que son action doit s'orienter vers celles et ceux qui en ont le plus besoin, les plus pauvres du village. Et il constate que la grande majorité d'entre eux est incapable de s'adresser aux banques traditionnelles car elles les considèrent comme non solvables. Pour Yunus, ce refus de l'accès au crédit est la source de toutes les exclusions. Une vendeuse de primeurs est, par exemple, contrainte d'emprunter 60 thakas (1 euro) à un usurier pour acheter ses fruits le matin, en récupère 75 pendant la journée grâce aux ventes qu'elle réalise sur les marchés, mais doit en rembourser 70 le soir même. Elle paie donc jusqu'à 20 % d'intérêt par jour et son maigre bénéfice lui permet tout juste de survivre. Investir pour améliorer sa situation est impossible. Mais, pour cette prisonnière d'un cercle vicieux, Muhammad Yunus a un véritable plan d'évasion...

Selon lui, « la pauvreté est très rarement due à des problèmes personnels, de la fainéantise, ou un défaut d'intelligence mais systématiquement au coût prohibitif du capital, même sur de toutes petites sommes ». Malgré la quantité et la qualité de leur travail, ils ne se sortiront jamais de leur situation si toutes leurs ressources sont gaspillées en intérêts abusifs. Ce qui leur manque, structurellement, c'est l'accès à un petit capital, remboursable à des taux plus justes et sur une période plus échelonnée. « Ainsi pourront-ils entrer dans une boucle économique et générer leurs propres revenus. » Muhammad Yunus est persuadé que son intuition est juste. Pour le prouver, il débourse de sa poche 850 thakas (24 euros). Ces prêts taille XXS aideront à financer les micro-projets de quarante-deux femmes parmi les plus pauvres de Jobra. Cela leur suffit, par exemple, pour acquérir une poule et générer un revenu quotidien de la vente des œufs. Certains œufs pourront être couvés et devenir une deuxième poule, qui doublera le revenu de la vendeuse. À la date d'échéance, Muhammad Yunus est remboursé intégralement. Pour lui, l'expérience est un succès. « Ces femmes tenaient par-dessus tout à me rembourser, pour me prouver qu'elles méritaient ma confiance. Leur regard reconnaissant et leur ponctualité ont décuplé mon envie d'étendre l'expérience ! »

Dans un premier temps, Muhammad tente de convaincre les banquiers locaux. Il obtient systématiquement les mêmes réponses : « Les pauvres ne sont pas solvables. Ils n'offrent aucune garantie en cas de défaut de remboursement. C'est trop risqué. Ça ne fonctionnera pas. » Les officiels du gouvernement ne sont pas plus conciliants. En somme, personne n'y croit, sauf lui. Après deux années de vains efforts, toujours persuadé qu'il tient un modèle révolutionnaire, il quitte son poste de professeur et décide de créer sa propre entreprise. La Grameen Bank, « banque du village » en Bengali, naît en 1976 et s'étend rapidement dans vingt, quarante, cent villages du district.

Un quart de siècle plus tard, les résultats ont achevé de convaincre les plus sceptiques. Au Bangladesh, la banque est devenue une véritable institution [1]. Elle est présente dans

1. Un emploi sur quatre dépend de financements de micro-crédit.

46 600 villages et a déjà prêté plus de 4,5 milliards d'euros à douze millions de clients dont 96 % sont des femmes. L'expérience a prouvé que celles-ci sont en effet plus responsables et plus sérieuses que les hommes... La banque participe ainsi à une vraie révolution des mentalités dans les foyers de ce pays musulman à la culture patriarcale bien ancrée. Les taux de remboursement qui inquiétaient tant les banquiers d'alors sont supérieurs à ceux des banques traditionnelles [1]. Les clientes sont organisées par groupe de cinq, où chacune des débitrices se sent responsable vis-à-vis des quatre autres et peut éventuellement demander un soutien en cas de défaillance. La Grameen ne fait signer aucun contrat, n'engage aucune poursuite et ne demande aucune garantie ou caution à ses clients ! La seule condition d'éligibilité est de comprendre comment ça marche. La banque créée par Muhammad emploie désormais plus de douze mille personnes. C'est une véritable entreprise qui paie des salaires équivalents à ceux des banques « traditionnelles ». Fonctionnant uniquement sur fonds propres, elle a, tous les ans depuis sa création, dégagé un bénéfice [2], et celui-ci est intégralement réinvesti dans un fond servant à réparer les dégâts de catastrophes naturelles. Pour contourner la Charia, la loi islamique qui interdit à un musulman de prêter de l'argent avec un taux d'intérêt, 94 % du capital de la banque appartient à ses clients. Ainsi, ceux-ci se prêtent « virtuellement » de l'argent à eux-mêmes et le Coran est respecté. On comprend que le succès de la banque est le résultat d'une idée simple, d'une volonté sans faille et d'une série d'innovations astucieuses.

Ce modèle est désormais appliqué dans plus de cinquante-sept pays à travers le monde dont la Chine,

---

1. De l'ordre de 98,9 %. Pour information, le taux de remboursement des banques commerciales françaises se situe aux alentours de 97 %.

2. À l'exception des années 1983, 1991 et 1993.

l'Afrique du Sud, mais aussi des pays développés comme les États-Unis ou la France. Le micro-crédit touche plus de cinquante-cinq millions de familles dans le monde, dont vingt-sept millions parmi celles disposant de moins de un dollar par jour par habitant. Grâce au micro-crédit, trois emprunteurs sur quatre se sortent d'une situation d'extrême pauvreté, et ce définitivement. L'ONU a décidé de faire de 2005 l'année de la micro-finance afin d'atteindre les 100 millions de foyers en fin d'année. Pragmatique, humble et volontaire, Muhammad Yunus est aussi une fantastique « usine à idées ».

Depuis dix ans, il s'est lancé dans d'autres ambitieux projets, avec le même objectif de résoudre un problème social de manière durable, en utilisant les règles de l'entreprise et du marché. Muhammad nous explique : « Nous avons cherché à trouver d'autres marchés inexploités. Notre objectif a toujours été d'atteindre les exclus du système, grâce à des produits ou services de qualité, adaptés à leurs besoins et vendus à des prix abordables. » De cette réflexion est né Grameen Telecom. Cet opérateur propose à des villageoises d'acquérir un téléphone portable grâce à un prêt de la banque et de vendre les minutes de communication à leur entourage. Le prix pratiqué est deux fois moindre que celui des opérateurs traditionnels et les clientes dégagent un revenu supplémentaire de cinquante à cent euros par mois, un véritable magot pour le Bangladesh rural. Lancé il y a cinq ans, Grameen Telecom a déjà vendu soixante-quinze mille téléphones dans la moitié des villages du pays et touche 12,6 millions d'usagers. Le modèle est rentable, et l'entreprise est devenue le deuxième opérateur de téléphonie mobile du pays.

La dernière idée du professeur Yunus est d'équiper de panneaux solaires les 70 % de Bangladais qui n'ont pas accès à l'électricité. L'utilisateur ne paie que 15 % du prix des panneaux à l'installation, et le solde en mensualités adaptées sur vingt-quatre ou trente-six mois. En plus de bénéficier de la lumière et de l'électricité pour faire fonctionner une machine à coudre ou une pompe à eau qui améliore ses revenus, le client investit dans une énergie propre et renouvelable. Plus de trente-trois mille maisons ont déjà été équipées et l'objectif déclaré est d'atteindre cent mille foyers à l'horizon 2008.

Muhammad Yunus, désormais à la tête d'un véritable empire, n'a pas changé de mode de vie pour autant. Il vit en compagnie de sa femme et de sa fille Deena dans un petit appartement de deux chambres situé au douzième étage de la tour Grameen, à Dacca. Éternel enthousiaste, il est intimement persuadé que « les nouveaux entrepreneurs vont apporter les solutions aux grands enjeux planétaires ». Les entreprises à vocation sociale sont le meilleur remède contre les maux du monde. Elles seront, selon lui, mieux armées dans le futur que les entreprises traditionnelles. Dès qu'il le peut, il exhorte les jeunes à « ne jamais chercher un travail mais à le créer ».

De nombreux admirateurs du modèle Grameen, dont Bill Clinton, considèrent que Muhammad Yunus mérite un prix Nobel d'économie. Très loin de ces préoccupations, il conclut notre entrevue en nous rappelant que, pour vaincre la pauvreté, il ne suffit pas de lancer de gigantesques projets. « Il faut se préoccuper avant tout du premier maillon de la chaîne : l'homme. En lui redonnant espoir. »

Un autre exemple dans le domaine du micro-crédit :

En Inde, **Elaben Bhatt** est la femme qui a fondé le premier syndicat pour les vendeuses ambulantes de la région du Gujarat, le *SEWA* (Self Employed Women Association[1]). L'association a permis à ces femmes du secteur informel, exclues des marchés officiels et victimes des persécutions des autorités, d'être reconnues et respectées. Elaben s'est battue

1. L'association des femmes à leur compte.

pour leur obtenir des licences et a aussi créé une banque de micro-crédit sur le modèle de la Grameen. Pour les sept cent mille adhérentes du syndicat, il est désormais possible d'obtenir des prêts à des taux d'intérêt décents et d'investir dans leurs activité pour améliorer leur sort. Comme pour la Grameen Bank, les emprunts sont remboursés à hauteur de 98 %...

Le micro-crédit ne s'applique pas uniquement aux pays en voie de développement. Depuis plus de vingt ans, **Maria Nowak** se bat sur le terrain et auprès des décideurs financiers pour le développer en France. Après avoir, avec succès, répliqué le modèle Grameen en Afrique de l'Ouest et en Europe centrale, elle a fondé l'association pour le droit à l'initiative économique (ADIE) et le réseau européen de la microfinance. Depuis 1989, vingt-cinq mille entreprises ont été créées, générant près de trente mille emplois grâce à des prêts d'un maximum de 5 000 euros.

Iftekhar Enayetullah et Maqsood Sinha -
Dacca (Bangladesh)
Fondateurs de Waste Concern,
une entreprise de traitement des déchets.

Les déchets : une mine d'or

Défi : *Gérer les déchets d'une capitale de pays en développement, compte tenu de l'explosion de la population et du manque de moyens de la ville.*
Idée reçue : *« Une seule solution : dupliquer le modèle de traitement des déchets appliqués dans les pays du Nord. »*
Solution durable : *Mettre en place un réseau de collectes décentralisé qui récupère la matière première organique des déchets pour fabriquer de l'engrais.*

Parmi les problèmes que pose l'explosion démographique des pays du Sud, le moins aguichant pour les personnes désirant s'engager pour une cause est, de loin, celui des déchets. Ne vous bouchez pas le nez tout de suite, car au Bangladesh, décidément beau réservoir d'entrepreneurs, deux ingénieurs résolus à améliorer le sort de leur pays prouvent que le problème des déchets n'est plus le sujet dont personne ne souhaite entendre parler...

Iftekhar Enayetullah et Maqsood Sinha sont deux trentenaires bangladais originaires de Dacca, qui ont vu leur ville sombrer sous des montagnes de déchets depuis vingt ans. Ces deux diplômés en urbanisation et en architecture ont, *a priori*, renoncé à des carrières classiques, tranquilles et bien payées pour s'attaquer à ce fléau. La raison principale du problème des déchets est, selon eux, assez simple. En vingt-cinq ans, l'exode rural a fait passer la population de Dacca de deux à onze millions d'habitants. Conséquences inévitables d'un mode de vie urbain, trois mille cinq cents tonnes de déchets sont générées chaque jour. Ces ordures finissent dans le meilleur des cas à la décharge, et dans le pire, dans les fleuves ou abandonnées dans les rues de la ville. Cette situation n'est pas seulement inesthétique, elle favorise la prolifération d'infections et de maladies dans les zones les plus pauvres. Pour de nombreux habitants des bidonvilles, l'achat de médicaments constitue l'un des premiers postes de dépenses.

Pourtant la culture du Bangladesh aime tout sauf le gaspillage. Toute une partie de la population des bidonvilles survit en récupérant dans les déchetteries les éléments « recyclables ». On estime que le travail de ces éboueurs de fortune, surnommés « tokais », permet de réduire de 15 % les déchets de la ville[1]. En revanche, personne ne s'intéresse à ce qui compose 80 % de ses déchets, la matière organique. N'ayant pas encore subi les ravages de l'emballage à tout va, huit kilos sur dix des poubelles de Dacca sont composés de restes de nourriture. Si les « tokais » n'accordent aucune valeur à ces déchets-là, ce n'est pas le cas de nos deux entrepreneurs. Cette matière est, en effet, parfaitement utilisable. On peut la transformer en engrais biologique !

C'est avec cette idée en tête qu'en 1995, Iftekhar Enayetullah et Maqsood Sinha imaginent de créer plusieurs centres de traitement de déchets, en recyclant ce qui

1. Source : Waste Concern.

peut l'être et en compostant[1] la matière organique. Cette approche décentralisée et utilisant au mieux une main-d'œuvre abondante leur semble parfaitement adaptée à la situation de Dacca. Persuadés du bien-fondé de leur modèle et enthousiastes à l'idée de faire évoluer leur cité, ils font la tournée des administrations pour tenter de convaincre les autorités... Malheureusement, la plupart des ministres ne jurent que par la construction de gigantesques usines de traitement automatisées telles qu'on les voit en Europe ou au Japon. Comme les capitaux nécessaires à de tels projets sont aussi colossaux que rares au Bangladesh, les déchets de Dacca attendront, et continueront de polluer le pays. Toutes les raisons et leurs contraires leur sont opposés, jusqu'à ce qu'un de leurs interlocuteurs leur lance comme une boutade : « Si votre idée est tellement géniale, vous n'avez qu'à le faire vous-même ! »

Iftekhar et Maqsood prennent le technocrate au mot et décident de créer Waste Concern grâce au soutien d'un philanthrope américain, qui veut voir si ça marche. L'idée est plutôt simple. Il s'agit d'organiser la récolte des déchets en porte-à-porte à l'échelle d'un quartier, de recycler ce qui peut l'être et de garder les 80 % de matière organique. On les laisse se décomposer dans un milieu où le niveau d'oxygène et la température doivent être rigoureusement surveillés. Le niveau d'humidité de l'air de Dacca étant parfaitement adapté, après un mois et demi, on obtient un engrais extrêmement riche, utilisable par un agriculteur pour améliorer les rendements de sa terre.

Mais les débuts sont laborieux. Le principal obstacle est de trouver un terrain pour implanter l'usine. Les prix

1. Le compost est le résultat de la transformation de matières organiques comme les résidus alimentaires, les feuilles, les déchets de jardinage, le papier, le bois, le fumier et les résidus agricoles. Le compostage décompose et transforme le tout en humus, semblable à de la terre.

de l'immobilier dans la capitale s'envolent et personne ne voit d'un bon œil l'implantation d'une usine de déchets dans son quartier. Heureusement, grâce à un terrain prêté par le Lion's Club, une première usine est créée pour traiter cinq tonnes par jour. Le duo de fondateurs parvient enfin à prouver que le modèle est viable. Même si Waste Concern a été créé sous la forme d'une ONG, pour financer cette activité, ils n'ont nullement l'intention de pratiquer la drague aux agences de développement, ils veulent prouver que leur activité est rentable.

Dans un premier temps, le chiffre d'affaires de Waste Concern, devenue une entreprise, est assuré par les abonnements des foyers dont les déchets sont retirés. D'après leurs propres estimations, moins de la moitié des déchets sont ramassés par des services municipaux débordés. Ils n'ont donc eu aucun mal à trouver des quartiers, riches ou pauvres, prêts à s'acquitter de moins d'un euro par mois pour voir leurs rues nettoyées. Les habitants y trouvent vite leur compte car un quartier plus propre gagne rapidement en qualité de vie et voit sa valeur augmenter sur le marché immobilier.

Mais la principale ressource est plus difficile à obtenir. Waste Concern n'a nullement l'intention de se lancer dans la commercialisation d'engrais à travers tout le pays. Ce métier nécessite un réseau de vendeurs et un fonds de départ qu'ils sont loin de réunir. Pour trouver un débouché à leur compost, il faut donc convaincre une société spécialisée dans la vente d'engrais classiques, dérivés chimiques de pétrole. Le patron d'Alfa Agro, la principale société bangladaise, ne connaît rien à cette nouvelle filière. Iftekhar, amusé, nous raconte comment cela s'est passé : « Nous avions tout tenté et il ne voulait vraiment pas en entendre parler. Jusqu'au jour où nous lui avons fait livrer anonymement un panier de fruits et légumes issus de l'agriculture biologique[1]. Suite à un excellent repas avec de belles salades et des tomates juteuses, il nous a contactés ! » Et il finit par donner leur chance aux deux jeunes énergumènes qui ont montré tant de persévérance pour tenter de le convaincre...

Le succès commercial est au-delà de leurs espérances. Non seulement la société Alfa Agro leur achète désormais l'intégralité de leur compost, mais elle les pousse à augmenter massivement la production car les agriculteurs se plaignent de la rareté de ce nouveau produit. Rien d'étonnant nous confie Maqsood : « Car notre compost, contrairement aux engrais classiques issus du pétrole, permet de nourrir le sol et en l'enrichissant en matière organique. » Les rendements sont ainsi meilleurs et le prix de revient plus faible que celui de l'engrais chimique. Le paysan y trouve vite son compte. La vente du compost permet aujourd'hui à Waste Concern d'assurer 70 % de son chiffre d'affaires (30 % venant de la collecte). L'extraordinaire demande du marché agricole leur donne une confiance à toute épreuve. Ils estiment qu'en traitant l'intégralité des déchets organiques des villes du pays ils pourraient conquérir jusqu'à 21 % du marché des engrais ! On imagine aisément les impacts positifs d'un tel changement sur l'environnement comme sur la balance commerciale du pays[2].

Aujourd'hui, trente-huit usines tournent dans tout le pays et démontrent la pertinence du modèle Waste Concern. Elles traitent quotidiennement plus de cent cinquante tonnes de déchets et un projet de nouvelle usine de sept cents tonnes va voir le jour à Dacca en 2005. Iftekhar et Maqsood ont désormais l'oreille attentive des autorités car leur activité a permis de soulager les services munici-

1. C'est-à-dire cultivés avec des engrais organiques comme ceux que fabrique Waste Concern.

2. Les engrais pétrochimiques sont tous importés.

paux à faible coût. Cela ne les empêche pas de continuer à affronter, sans relâche, les lourdeurs bureaucratiques. Pour trouver de nouveaux terrains, alors qu'un officiel de la mairie leur déclarait qu'il n'y en avait plus de disponibles, ils ont eux-mêmes parcouru Dacca pour identifier les propriétés de la ville inoccupées pouvant accueillir une usine. Et ils y sont finalement parvenus. Une vingtaine d'usines supplémentaires seront construites entre 2005 et 2006.

Iftekhar et Maqsood ont reçu de nombreux prix internationaux pour leur innovation dont une reconnaissance par l'ONU. De nombreux urbanistes d'Asie, d'Afrique ou d'Amérique du Sud sont venus étudier le modèle de près pour tenter de le dupliquer. Récemment, c'est la ville de Lima au Pérou qui vient de lancer un projet inspiré par Waste Concern. Mais les deux entrepreneurs n'ont pas l'intention de s'arrêter là et travaillent désormais à un nouveau projet : la construction d'une usine biogaz attenante à la déchetterie de la ville. Celle-ci produirait de l'électricité en canalisant les gaz échappés de la décharge. Elle réduirait la facture électrique de la ville tout en luttant contre le changement climatique. En effet, elle éviterait les émissions de méthane [1], un autre gaz à effet de serre. Pour ce projet ambitieux, dont l'objectif est de traiter la moitié des déchets de la ville, ils ont déjà trouvé des investisseurs et l'usine ouvrira en juin 2005. Les mécanismes de financement liés au protocole de Kyoto permettent à des entreprises émettrices de gaz à effet de serre de compenser leurs émissions en investissant, dans les pays en développement, dans des mécanismes de développement propres. Ainsi, les 10 millions de dollars nécessaires seront financés à 75 % par un industriel nippon.

Waste Concern n'a donc aujourd'hui plus rien à voir avec la petite ONG des débuts mais est devenue une

1. Le méthane est issu de la décomposition des déchets organiques, par fermentation (cf. les feux follets).

véritable entreprise aux comptes équilibrés, employant plus d'une centaine de personnes et dont l'objectif, selon nos deux entrepreneurs enthousiastes, est de « prouver par l'exemple que les déchets sont des ressources ! ».

D'autres exemples dans le domaine de la gestion des déchets :

En Inde, les questions de déchets préoccupent particulièrement **Ravi Agarwal**, qui a créé une ONG de sensibilisation à ces questions. Grâce à son action, la Cour suprême indienne a fait adopter aux hôpitaux du pays un ensemble de mesures visant à améliorer leur gestion des déchets toxiques. Ravi reconnaît que les solutions promues par Waste Concern sont une réelle innovation qui permet de gérer intelligemment les déchets tout en préservant l'environnement. En revanche, il n'a pas de mots assez durs contre les vendeurs, autoproclamés « verts », de solution d'incinération des déchets. Ils ne font que déplacer le problème en polluant l'atmosphère...

Au moment de le quitter, Ravi Agarwal nous a conseillé de rencontrer **Deepak Nirula**, l'héritier d'une chaîne de restauration rapide de la région de Delhi. Un activiste de la lutte contre les déchets qui recommande un P-DG de fast-food, ça ne peut arriver qu'en Inde ! Nous avons donc pris rendez-vous. Et la démarche du patron des restaurants Nirula's mérite, en effet, un coup de chapeau. Sa société s'est engagée à éliminer systématiquement les emballages plastiques de leurs restaurants, et ce malgré les réclamations de certains clients. D'autre part, l'ensemble des déchets organiques est composté avec des techniques similaires à celles de Waste Concern. Ils permettent de fournir un engrais entièrement biologique à l'agriculture locale. Le McDo à la sauce indienne a définitivement un goût plus naturel !

Ce que Maqsood Sinha et Iftekar Enayetullah ont éprouvé en voyant le Bangladesh se dégrader, **Anil Chitrakar** l'a aussi ressenti dans son pays, le Népal. Il n'est pas resté les bras croisés devant une telle situation. Sa solution, il l'a trouvée dans l'énergie des jeunes adolescents. L'organisation qu'il a fondée a permis, depuis quinze ans, à plus de vingt-cinq mille enfants des villes de découvrir les campagnes népalaises et d'y organiser des actions de sensibilisation sur le respect de l'environnement. Grâce à ces camps de vacances, de nombreux villages ont abandonné le fioul ou le bois de chauffage au profit du biogaz renouvelable, obtenu à partir du fumier de leur bétail. Mais les camps ont aussi permis à des milliers de jeunes d'être sensibilisés. Aujourd'hui, de nombreux anciens créent des entreprises « durables » pour améliorer la situation de leur pays. Ces camps ont eu l'effet d'une véritable pépinière d'entrepreneurs qui, désormais, parcourent le pays pour y vendre des systèmes solaires, des systèmes d'irrigation ou des installations à biogaz. Anil Chitrakar, quant à lui, s'intéresse de près aux travaux de Waste Concern. Il a visité Dacca en 2004 pour envisager de répliquer le modèle à Katmandou.

Suraiya Haque – Dacca *(Bangladesh)*
Fondatrice de Phulki,
une société de création de crèche en entreprises.

Des centaines de crèches au Bangladesh

Défi : *Émanciper les femmes des pays en voie de développement en leur permettant de travailler sans pour autant renoncer à fonder une famille.*
Idée reçue : *« Une mère de famille ne peut travailler et s'occuper de ses enfants dans les pays pauvres. »*
Solution durable : *Intégrer une crèche dans l'entreprise est une source de richesses au plan humain mais aussi économique.*

Depuis plus d'un mois, nous tentons d'entrer en contact avec Suraiya Haque, la directrice de la société Phulki, qu'une fondation suisse, spécialiste des questions d'éducation, nous a fait connaître. Nos nombreux e-mails et appels téléphoniques restent sans réponses. Nos valeureux efforts pour rencontrer cette femme qu'on nous a décrite exceptionnelle restent vains. Nous repartirons du Bangladesh sans l'avoir vue. Mais, à la fin de notre entretien avec les fondateurs de Waste Concern, nous leur demandons si, à tout hasard, ils ne la connaissent pas. Surpris par une question aussi évidente à leurs yeux, nos interlocuteurs prennent leur téléphone et nous mettent directement en contact avec elle. Ses locaux se situent à deux pâtés de maisons et, dix minutes plus tard, nous voilà assis en face de Suraiya. Parmi les personnalités que nous avons rencontrées au cours de notre voyage, un certain nombre nous ont été recommandées lors d'une rencontre précédente, mais le lien entre l'expérience de Waste Concern et celle de Phulki gagne sans conteste le prix de la rapidité.

Dans la culture de la majorité des pays du sous-continent indien, les femmes sont responsables de l'éducation de leurs enfants, mais doivent aussi travailler pour subvenir aux besoins du foyer. À la campagne, cela pose peu de problèmes car il est possible de travailler aux champs tout en s'occupant de ses enfants. Le mode de vie urbain rend les choses bien plus difficiles. Au Bangladesh, la pauvreté et les aléas climatiques mettent chaque année plus d'un million de personnes sur les routes. Ces populations migrent toutes vers Dacca, la capitale, véritable eldorado de l'emploi pour ceux qui n'ont plus rien. Très souvent, ces populations déracinées finissent par s'entasser dans des bidonvilles lugubres, car d'eldorado il n'y a point. Pour vivre, ils acceptent des emplois d'usines, qui les mobilisent entre douze et quatorze heures par jour. Et les femmes se voient souvent contraintes de délaisser leurs petits, qui, sans éducation ni attention, risquent fort de suivre un chemin de vie chaotique. Suraiya Haque a créé Phulki pour tenter de briser ce cercle infernal. Cette entreprise a pour objectif de démocratiser les crèches dans les ateliers d'usines, pour que « les femmes n'aient plus à choisir entre leurs enfants et leur indépendance financière ».

Originaire de Chittagong, la deuxième ville du Bangladesh, Suraiya a grandi dans un environnement privilégié. Fillette sérieuse et appliquée, elle est l'une des seules de sa classe d'âge à avoir l'opportunité d'aller à l'école. Mais la pression sociale la contraint d'interrompre ses études à seize ans, pour épouser un ami de la famille, de dix ans son aîné. Après avoir mis au monde trois enfants, se jugeant pourtant effacée et naïve jusqu'alors, elle décide de reprendre ses études, contre l'avis de son mari et de sa belle-famille. « Je voulais étudier pour devenir quelqu'un et non plus la fille, la femme ou la mère d'un homme. » Quelques mois plus tard, elle est embauchée dans une usine textile comme chef de production mais doit démissionner pour suivre son mari, cadre d'une entreprise pétrolière, muté à Dacca. L'indépendance attendra... En 1990, Suraiya cherche une nouvelle femme de ménage pour son appartement. Une jeune femme sonne à sa porte pour proposer ses services. Suraiya refuse sa candidature car la femme travaille en présence d'un enfant en bas âge. Après une nuit sans sommeil, elle est rongée par les remords. « Ce fut le moment où tout a basculé. Je me suis rendu compte de la situation précaire de cette pauvre femme. Je me suis détestée de lui avoir refusé cette opportunité de s'en sortir. Et surtout pour une raison aussi idiote. » Quelques semaines plus tard, alors que les nuits de Suraiya sont toujours aussi courtes et qu'elle tente en vain de retrouver cette femme, elle décide d'agir.

Du fond de son garage, elle crée l'association Phulki (du mot « étincelles » en bengali) dont le but est de monter des crèches de quartier. Elle finance le premier centre grâce à ses économies personnelles et l'aide de donateurs extérieurs, des proches et des industriels amis de la famille. Quelques volontaires sont recrutés et s'occupent chaque jour d'une vingtaine d'enfants du bidonville voisin. Mais Suraiya perçoit vite les limites de son action. Elle arrive à la conclusion que rien n'est mis en pratique par faute de moyens et que sa structure associative n'est pas adaptée à ses ambitions. Il lui faut trouver autre chose. Pragmatique et volontaire, elle s'aide d'un ami directeur d'usine pour lancer une vaste étude, dont le but sera de prouver l'intérêt économique de la présence d'une crèche en entreprise. Dans le secteur textile, par exemple, plus de trois mille usines à Dacca emploient un million six cent mille personnes, dont 80 % sont des femmes. Suraiya découvre que celles qui laissent leurs enfants à la maison ont des taux d'absentéismes élevés, une productivité moindre et des niveaux de qualité inférieurs. Laisser les femmes travailler loin de leur progéniture représente donc un important manque à gagner pour l'entreprise. Elle parvient ainsi à prouver qu'une crèche est un investissement rentable pour chaque patron d'usine. Son ambition est alors de généraliser le modèle.

Suraiya monte sa première crèche dans l'entreprise d'un ami, en 1996. Les locaux, les nourrices et les jouets sont à la charge de l'entreprise. Les mères, quant à elles, apportent la nourriture quotidienne de leurs bambins et payent 50 thakas par mois (moins d'un euro) pour les frais de gestion du centre. Celui-ci regroupe quarante à cinquante enfants et une nourrice s'occupe de cinq à sept bambins à la fois. Les débuts sont difficiles car Suraiya se bat pour convaincre ses premiers interlocuteurs des avantages sociaux, mais aussi économiques de la création d'une crèche pour l'entreprise. « Lorsqu'on s'adresse à des patrons, je n'hésite pas à leur parler de retour sur investissement, car celui-ci est réel. Les femmes sont beaucoup plus motivées, concentrées et attachées à leurs entreprises. Elles sont plus sereines et plus heureuses car leurs enfants ne sont plus abandonnés dans la rue. » Tout le monde y gagne.

Farida Begum par exemple est la femme d'Imam Hossei, un conducteur de rickshaw[1]. Elle est la mère de quatre enfants dont le dernier a quatorze mois. Avant que Phulki installe cette première crèche, elle devait laisser son enfant à sa sœur, dans une maison lugubre perchée audessus des égouts de la ville, sans savoir si elle aurait le

1. Sorte de tricycle faisant office de taxi, très courant en Inde et au Bangladesh.

temps de le nourrir régulièrement. Son fils est tombé malade et elle a dû quitter son emploi pendant deux mois pour s'en occuper, au risque d'être licenciée définitivement. Désormais, elle s'acquitte avec joie des 50 thakas mensuels pour qu'il reste propre, mange trois fois par jour, vive dans un environnement plus sain. En cas de problème de santé, il est immédiatement ausculté par un médecin. Farida voit son enfant jusqu'à quatre fois par jour et elle peut lui donner le sein. L'esprit plus tranquille, elle travaille plus efficacement, et est parvenue à augmenter ses revenus. Elle couvre désormais les besoins de sa famille en nourriture, vêtements, et médicaments. Elle parvient même à épargner pour envoyer, un jour, ses quatre enfants à l'école.

La démarche de Phulki est simple. « Nous gérons la crèche pendant les six à douze premiers mois et formons le personnel et les mères à notre pédagogie. Nous nous rémunérons en percevant des honoraires de consultant. Maintenant, nous sommes une véritable entreprise. » Cette rémunération permettra bientôt à la société d'être 100 % indépendante, sans aucune aide de donateurs dont la générosité est parfois aléatoire. Les cent trente employés qu'elle compte désormais tournent dans les dix-sept crèches en création. L'objectif des douze mois d'accompagnement est aussi de rendre chaque structure indépendante et rentable. Passé ce délai, les crèches sont gérées par l'usine sans l'aide de Phulki. Aujourd'hui, l'organisation est directement à l'origine de la création d'une centaine de crèches dans le secteur textile. Suraiya rêve de dupliquer le modèle dans les huit cents grandes entreprises industrielles du pays. Elle a proposé aux grands équipementiers mondiaux (Nike, Reebok ou Gap) d'exiger que chacun de leurs fournisseurs Bengali ait une crèche « labellisée » Phulki. Ces multinationales très exposées médiatiquement ont fini par accepter l'idée et, petit à petit, l'appliquent dans d'autres pays où elles se fournissent.

Reconnue désormais par le gouvernement bengali comme la pionnière du domaine, Suraiya a même créé une quarantaine de crèches pour les fonctionnaires des ministères nationaux. Elle promeut au plus haut niveau du gouvernement les droits des femmes et des enfants et tente, grâce à son expérience, de rendre obligatoire les crèches d'entreprises. L'histoire de Suraiya est exemplaire à plus d'un titre mais montre bien que le pragmatisme et la volonté sont des qualités essentielles de l'entrepreneur social. Au-delà du désir de changer le monde, il y a l'ambition de le faire durablement, de bâtir des modèles qui restent quand l'attention retombe. Suraiya est la dernière personne que nous interviewons dans ce pays fascinant. Elle participe, elle aussi, avec talent à l'amélioration du sort des Bangladais.

Allen Chan – Hong Kong *(Chine)*
Fondateur de Sino Forest,
le leader chinois du bois « renouvelable ».

La reforestation, un nouveau business

Défi : *Comment stopper la déforestation ?*
Idée reçue : *« La seule exploitation de bois rentable est celle qui consiste à sacrifier des forêts naturelles. »*
Solution durable : *Planter davantage d'arbres qu'on en coupe, sans rogner les bénéfices.*

Depuis l'Europe, les regards qui se posent sur la Chine sont un étrange mélange de fascination et d'angoisse. On se demande dans quel monde leur appétit de croissance et de confort va nous conduire. Superpuissance de demain, l'ouverture de son économie aux capitaux étrangers, alliée à une main-d'œuvre très bon marché, fait d'elle l'usine de l'économie mondiale. Petit à petit, le pouvoir d'achat des Chinois augmente et l'émergence d'une classe moyenne estimée à plus de trois cents millions d'individus ouvre de gigantesques débouchés à son marché intérieur. L'environnement est sans conteste le grand perdant de ce fantastique développement. Aujourd'hui, neuf des dix villes les plus polluées au monde sont chinoises et l'on peut légitimement craindre une multiplication de sérieux problèmes écologiques dans les années à venir.

Heureusement, dès maintenant, certains conçoivent l'avenir chinois comme l'occasion d'imaginer et de mettre en pratique des alternatives durables. Après une bonne quarantaine d'heures de bus éreintantes depuis Hanoi, la capitale du Vietnam, nous sommes accueillis par des amis de Sylvain, dans le centre d'Hong Kong. Nous n'avons que dix petites minutes pour nous préparer à rencontrer une véritable personnalité de l'île : Allen Chan. Nous espérons être à la hauteur de cet entrepreneur à succès, décrit par les médias chinois comme un véritable philosophe.

Allen Chan est le fondateur de Sino Forest, une entreprise atypique de fourniture de bois en pleine croissance qui, grâce à un modèle innovant, évite la déforestation et lutte efficacement contre le réchauffement climatique. Se qualifiant lui-même de « romantique », cet Hongkongais est un intellectuel passionné d'art et de culture chinoise qui, à nos âges, finissait ses études de sociologie. Quelques années plus tard, il enseigne en université et rédige, à ses heures perdues, des éditoriaux pour un grand quotidien hongkongais. Lassé par ces activités trop abstraites, il éprouve l'envie de se frotter au monde des affaires. Du jour au lendemain, il intègre une chaîne de restaurants flottants pour découvrir les joies de la gestion... Il acquiert aussi une certaine notoriété en aidant des investisseurs hongkongais à monter de gigantesques complexes hôteliers en Chine continentale. À cette époque, Hong Kong est encore une colonie britannique et peu d'hommes d'affaires ont accès au vaste territoire chinois, pourtant distant de quelques kilomètres à peine. Il en fait sa spécialité et devient pendant quelque temps un des incontournables conseillers financiers pour les investisseurs étrangers. Mais, en 1989, les événements de la place Tienanmen effraient les investisseurs et son activité périclite subitement. Ayant misé toute sa fortune sur un projet qui ne verra jamais le jour, en quelques semaines, il perd tout.

À la suite de ce désastre professionnel et financier, Allen se retire pendant deux ans. En fidèle admirateur des empereurs Ming, qui s'obligeaient à des journées entières de silence, il décide de prendre du recul pour « réinventer » sa vie. « J'avais appris, pour être un homme d'affaires accompli et respecté, à mettre de côté mes sentiments, mes croyances, bref tout ce que j'étais. Cette période de rupture m'était nécessaire pour admettre que ma volonté de retrouver du sens était entièrement compatible avec un projet d'entreprise, je n'étais en rien obligé de me trahir. » Marié et père de deux enfants, c'est aussi le moment où il décide de se séparer de sa femme, qui accepte apparemment difficilement le changement de vie...

Il s'intéresse alors, un peu par hasard, au secteur du bois. Et découvre que la croissance de la demande de ce matériau est une fois et demie plus rapide en Chine que celle du produit intérieur brut. Le papier, l'équipement mais surtout la construction engloutissent chaque année plus de 300 millions de mètres cubes et font de la Chine le deuxième importateur mondial de bois derrière les États-Unis. Malgré cela, la consommation par habitant ne représente qu'un vingtième de la consommation américaine. Le potentiel de croissance est donc considérable.

Le coût écologique de cette croissance est lui aussi gigantesque. En 1998, des inondations et glissements de terrains font plus de quatre mille morts et dix-huit millions de sans-abri. L'explication est simple. Sur les bords du Yang Tse Kiang, la forêt a perdu, en vingt ans, près du tiers de sa surface. Le fleuve, grossi par les pluies de mousson, sur des rives déboisées, sans arbre et sans racine pour « éponger » les trop-pleins d'eau, a tout emporté sur son passage. La Chine découvre alors brutalement que la déforestation n'est pas qu'une simple menace pour les espèces d'oiseaux ou les mammifères. Et le gouvernement prend rapidement la décision de bannir l'exploitation de forêts naturelles. De nombreuses forêts sont même intégrées dans des parcs naturels.

Malgré une baisse de 20 % de la production chinoise, le problème n'est pas résolu pour autant car la demande en bois n'a pas ralenti. Ce sont désormais les forêts de Sibérie ou d'Indonésie qui se réduisent comme peau de chagrin.

Allen prend conscience, dès 1993, qu'une alternative viable à la déforestation est possible, par la mise en place de « fermes arboricoles ». L'idée est simple : planter des eucalyptus et des pins qui mettent cinq ans seulement à atteindre leur maturité, les vendre sous la forme de rondins ou de planches, et replanter de nouveau pour assurer l'avenir. En s'assurant de ne couper qu'un cinquième de la forêt chaque année, on peut exploiter la forêt à son rythme de renouvellement sans hypothéquer le futur. Ainsi, on supprime les coûts d'exploration, on diminue ceux de transports, et puisqu'on organise les plantations comme on l'entend, il devient possible d'augmenter la productivité à l'hectare. Allen parvient à vendre son bois 20 % moins cher que celui de forêts naturelles. Une offre « renouvelable » est donc compétitive, permet d'épargner les forêts naturelles et de sauvegarder leur biodiversité. Une alternative crédible est donc possible.

Au commencement, il démarre son activité en obtenant du gouvernement chinois une concession de vingt mille hectares sur cinquante ans, en échange d'une redevance de 30 % de la production annuelle. Mais un problème demeure : l'investissement de départ est très difficile à trouver. Après avoir essuyé de nombreux refus d'investisseurs hongkongais, il part convaincre des fonds d'investissement canadiens, les spécialistes mondiaux de l'exploitation forestière, en leur évoquant le potentiel de ce marché émergent. Il réussit à lever 5 millions d'euros et introduit sa société sur le second marché de Toronto.

Dix ans plus tard, Sino Forest exploite six cent mille hectares de forêts, soit une superficie équivalente à deux tiers de la Corse ! L'entreprise emploie indirectement trente-cinq mille personnes, dont un bon nombre d'agriculteurs autorisés à cultiver au sein même des forêts. En 2004, il a réalisé un chiffre d'affaires de plus de 250 millions d'euros pour un bénéfice net de 32 millions. Ne se contentant pas de l'activité de fourniture de bois, sa société investit depuis quelques mois dans des usines de traitement des rondins, pour en faire des lattes de parquet et des copeaux pour l'industrie papetière. Sino Forest a une croissance moyenne de 33 % par an et est rentable depuis sa création. Leader historique du marché du bois d'exploitation, Allen Chan voit l'avenir en vert. Sa société prévoit d'atteindre courant 2005 une part de marché de 5 % du bois chinois.

Le secteur de la construction en Chine, important débouché pour le bois de Sino Forest, est en plein essor. Le gouvernement prévoit qu'il va falloir construire, dans les quinze prochaines années, plus de quatre-vingt-dix millions de logements pour loger cette classe moyenne grandissante. Lorsque l'on raisonne à l'échelle chinoise, les choix de matériaux de construction ne se révèlent jamais anodins. Le choix de la brique, par exemple, a ainsi été écarté pour sa consommation excessive en énergie. Le bois, en revanche, s'il est exploité durablement, possède de nombreux atouts. Le gouvernement chinois a donc lancé un grand programme de promotion du bois « renouvelable ».

Sino Forest pourrait aussi améliorer ses performances financières futures car son métier permet de dégager, même si son PDG reste prudent à ce sujet, des crédits d'émissions de gaz à effet de serre, « échangeables » dans le cadre du protocole de Kyoto. En effet, un arbre grandit en séquestrant du dioxyde de carbone. L'accumulation de ce gaz, rejeté par les activités humaines dans l'atmosphère, est la principale cause du dérèglement climatique. Toute initiative permettant de réduire la concentration dans l'air de ce gaz à effet de serre peut autoriser son initiateur à vendre un crédit à une entreprise émettant trop de gaz. En plus de lutter à grande échelle contre la déforestation, l'initiative d'Allen Chan participe aussi, à son échelle, au ralentissement du réchauffement de la planète.

Aujourd'hui dire que les problèmes de déforestation en Chine sont réglés serait évidemment exagéré. Mais l'expérience de Sino Forest a le mérite de montrer que des alternatives sont crédibles. Elle prouve également que le bois est un matériau d'avenir, à condition qu'il soit exploité durablement comme c'est largement le cas en Europe. Mais aussi, comme Allen Chan nous le confie à la fin de l'entretien, « qu'il est possible de gagner de l'argent, sans nuire à la planète ». Espérons que ce modèle positif, salué par la Banque Mondiale, saura inspirer davantage d'entrepreneurs...

D'autres exemples dans le domaine des forêts durables :

On croit souvent que la Chine se moque de l'environnement mais l'action de **Tang Xiaoli**, à l'instar de celle d'Allen Chan, prouve qu'il existe des entrepreneurs chinois actifs et engagés. Cette jeune et jolie Chinoise d'une trentaine d'années tente de promouvoir l'utilisation du bambou dans le secteur de la construction. Le bambou est le matériau le plus écologique qui soit. Il est aussi résistant que l'acier, pousse partout en Asie mais c'est surtout la vitesse à laquelle il se renouvelle qui est phénoménale. Alors qu'un arbre met soixante ans à atteindre dix mètres, la pousse de bambou ne met que cinquante-neuf jours... Cela explique que la surface de culture de ce matériau ait augmenté d'un tiers depuis vingt ans. Elle atteint, en Chine, 4,2 millions d'hectares[1]. De nombreuses grandes villes ont commencé à s'engager pour promouvoir l'utilisation de cette ressource traditionnelle dans la construction. On voit le bambou composer des murs de maisons, des parquets ou des objets de décoration. Si le bambou est à la mode, c'est du meilleur goût pour la planète !

1. Source WWF – INBAR.

Il n'y a pas que des start-up comme celle d'Allen Chan qui exploitent des concessions de bois « renouvelable ». **Anton Wolfgang von Faber-Castell** est l'héritier de la fameuse marque éponyme de crayons de couleur créée en 1761. Aujourd'hui, 90 % du bois consommé par les usines de ce géant mondial de l'écriture est certifié durable [1]. Les plantations brésiliennes du groupe plantent plus de vingt mètres cubes de bois à l'heure afin d'assurer l'approvisionnement de la production de plus d'1,5 milliard de crayons par an. Pour Anton, la décision de certifier « durable » l'ensemble de sa fourniture en bois est aussi éthique que financière. Il tient à maîtriser la qualité de sa matière première. Cela prouve une fois de plus que le même bon sens doit s'appliquer si l'on veut gérer un capital financier ou un capital naturel...

Dans la lutte conte la déforestation, c'est sans nul doute **Wangari Maathai** qui est désormais la plus médiatique des personnes que nous ayons rencontrées... Et pour cause, elle a obtenu en 2004 le prix Nobel de la paix. Lorsque nous l'avons découverte, trois mois avant sa nomination – vous apprécierez le sens du scoop – Wangari était déjà une « star » du militantisme vert africain. Fondatrice du mouvement de la « ceinture verte », elle a organisé la plantation de plus de trente-cinq millions d'arbres en moins de trois décennies. Pour cette forte tête, première femme kenyane à obtenir un doctorat et qui a connu les « joies » de la prison sous la dictature du président Moi, le combat a été acharné. On espère que son prix Nobel lui permettra de gagner en influence pour faire avancer l'écologie en Afrique australe et dans le monde.

1. Par le label FSC : Forest Stewardship Council.

Takao Furuno – Fukuoka *(Japon)*
Fondateur de Duck Rice, pionnier japonais du riz biologique.

Encore un peu de riz, mon canard ?

Défi : *Transformer les pratiques agricoles pour préserver l'environnement, tout en garantissant des rendements élevés.*
Idée reçue : *« Les rendements élevés impliquent obligatoirement des solutions contre-nature et l'utilisation de produits chimiques. »*
Solution durable : *Exploiter sans s'en priver les forces vives de la nature, à commencer par les canards.*

La hausse exponentielle de la population mondiale au cours des deux derniers siècles a constitué un incommensurable défi pour l'agriculture moderne. La révolution verte, qui a généralisé l'emploi massif d'engrais et de pesticides et la mécanisation, a permis, dans certains pays, de nourrir des populations en croissance. Mais rien ne garantit que les mêmes techniques permettront de nourrir neuf, voire dix milliards d'habitants à l'horizon 2050. D'autant que cette industrialisation de l'agriculture a eu un coût écologique massif. L'utilisation croissante de produits chimiques en monoculture intensive a entraîné l'épuisement des sols. À la hausse initiale des rendements, a succédé un lent appauvrissement des terrains que les produits chimiques ne parviennent en rien à combler. Cette pratique agricole ultramécanisée est surtout intimement dépendante d'une ressource : le pétrole, dont la raréfaction est programmée à moyen terme. Comment faire tourner les machines ou fabriquer les engrais lorsque le pétrole sera hors de prix ?

Une fois ces données prises en compte, il devient difficile de considérer l'agriculture biologique comme une lubie de hippies soucieux de leur santé. Alors que le Japon ne faisait pas partie de notre itinéraire de départ, l'histoire de Takao Furuno nous a poussés à modifier nos plans pour rencontrer cet agriculteur reconnu. Depuis l'extrême Sud de l'archipel nippon, dans le village de Fukuoka, il démontre que les méthodes biologiques peuvent être au rendez-vous du haut rendement. Et pas sur n'importe quelle culture, celle qui nourrit une bonne partie de la population mondiale : le riz.

Takao Furuno est né en 1950 dans une région rurale du Japon et ses premiers souvenirs sont ceux d'une campagne environnante peuplée de toutes sortes d'oiseaux, de canards et d'animaux sauvages. Adolescent, il constate que l'agriculture intensive a modifié profondément les paysages de son enfance. Les oiseaux ont notamment disparu, le printemps est devenu « silencieux » comme le décrit l'un des livres majeurs du mouvement écologique mondial de l'Américaine Rachel Carson[1]. La lecture de ce livre, qui dénonce les excès de l'agriculture intensive, déclenche sa décision. Il va transformer sa ferme en adoptant les méthodes de l'agriculture biologique dès 1978. Mais, rapidement, il s'aperçoit des contraintes de son choix. Le refus d'utiliser des produits chimiques l'oblige à passer des heures dans ses rizières, le dos brisé, pour défricher les mauvaises herbes. Takao doit trouver un moyen de cultiver

1. Rachel Carson, *Le printemps silencieux*, Plon, 1963.

son riz sans produits chimiques, tout en préservant sa santé et une certaine qualité de vie car il n'a nullement l'intention d'être esclave de ses convictions.

En 1988, au hasard de ses lectures, il découvre dans un vieux livre d'histoire qu'il était auparavant courant de faire patauger des canards dans les rizières. Pour Takao Furuno, ce fait historique n'a rien d'une anecdote. Si la tradition populaire avait décidé de placer des canards dans les rizières, ce n'est pas sans raison. Il tente donc de comprendre pourquoi en essayant, sur ses propres terres, de combiner la culture du riz et l'élevage de canards. Et les résultats le surprennent. Non seulement, les canards se nourrissent des mauvaises herbes et des insectes parasites, laissant intacts les plants de riz qu'ils n'apprécient pas. Mais en remuant les fonds, ils oxygènent l'eau et leurs déjections sont évidemment d'excellents engrais qui nourrissent les sols.

Les canards et le riz sont faits pour s'entendre. Après dix années éreintantes de travail, Takao Furuno et sa femme ont enfin trouvé le moyen de se passer de produits chimiques, les canards vont travailler à leur place. Et les rendements s'améliorent considérablement. Les bonnes années, ils peuvent atteindre, chez Takao, 6 470 kg de riz à l'hectare contre 3 830 kg [1] pour les fermes avoisinantes. L'absence des coûts d'achat de produits chimiques lui permet ainsi d'augmenter ses revenus, d'autant que la vente de canards peut, elle aussi, rapporter. Au Japon, la demande du marché en produits biologiques étant supérieure à l'offre disponible, le « duck rice [2] » est vendu à un prix environ 20 à 30 % plus élevé que le riz traditionnel. Mais dans les pays en voie de développement, comme au

1. Source : « Rapport Food and Energy in Japan, Entretien avec Takao Furuno » par Antony F.F. Boys, 2000.

2. « Riz au canard », marque créée par Takao Furuno pour différencier son riz dans les magasins.

Vietnam, au Cambodge ou au Laos, les fermiers adoptant cette méthode combinée peuvent doubler leurs revenus. Ils améliorent la productivité de leurs rizières de 30 % en moyenne par rapport aux méthodes traditionnelles et vendent la viande de leurs canards.

Le « riz au canard » est une vraie révolution pour Takao qui estime que soixante-quinze mille fermes ont déjà décidé d'adopter ses méthodes à travers l'Asie. Alors qu'en moyenne, il faut pour produire un kilo de riz l'équivalent d'une canette de 33 centilitres de pétrole en engrais, pesticide et combustible, cette méthode permet de s'en passer totalement. L'élevage de canards offre aux agriculteurs l'occasion d'utiliser les insectes comme une ressource alimentaire au lieu de s'évertuer à les faire disparaître. Et comme les rendements sont équivalents aux méthodes intensives et bien supérieurs aux méthodes traditionnelles, tout le monde y gagne, sauf les vendeurs d'engrais.

Pour autant, l'élevage de canards n'est pas de tout repos. L'habileté qu'a acquise Takao est le fruit de nombreux essais infructueux. Une des toutes premières années, par exemple, il a vu une maladie emporter l'ensemble de ses canards. Et, avant d'installer un enclos électrifié, les chiens errants venaient régulièrement se régaler à l'œil. Pour l'agriculteur, le risque économique est aussi bien moindre grâce à la diversification des sources de revenus : riz, canards et même poissons que Takao introduit avec succès dans les rizières. Lorsqu'une des cultures connaît une mauvaise année ou subit une baisse des prix du marché, les autres permettent à l'agriculteur de garder l'esprit tranquille.

Takao Furuno dont la ferme ne fait que 3,2 hectares, est fier d'annoncer que son chiffre d'affaires atteint les 160 000 euros par an. Au Japon, son modèle a été copié par plus de dix mille fermiers dans tout le pays. Aujourd'hui il sait parfaitement combien de canards peuvent être introduits à l'hectare et quelle est la période optimale pour leur retrait afin de garantir les meilleurs revenus. Il démontre surtout qu'un savoir-faire expérimental permet à une exploitation de petite taille d'être productive et extrêmement rentable. Il évalue que l'ensemble des fermes utilisant ses méthodes produisent aujourd'hui 5 % du riz consommé au Japon.

En ambassadeur reconnu de cette méthode, il essaie de convaincre la terre entière. Il voyage cinq mois par an pour participer à des conférences et des salons agricoles, emmenant avec lui femme et enfants. Son livre, « Le pouvoir du canard[1] », est un best-seller en Asie, et il a eu l'occasion d'exposer les conclusions de ses expériences au forum de Davos. Pour populariser ses idées, Takao Furuno est prêt à tout, il a même publié un livre de recettes à base de canard pour tenter d'augmenter les ventes de cette viande délicieuse au Japon. N'ayant nullement l'intention d'agrandir sa ferme, son rêve est aujourd'hui plutôt d'observer, dans toutes les rizières qu'il visite, une ribambelle de canards dodus patauger allégrement. Qui aurait pu oublier qu'économique et écologique rimaient avec bucolique ?

Un autre exemple dans le domaine de l'agriculture « durable » :

L'agriculture durable signifie aussi, comme le montre l'exemple de Takao Furuno, une agriculture économe en énergie. Au Brésil, l'idée d'un agriculteur de l'État de Porto Alegre est en train de bouleverser les pratiques du pays tout entier. À la fin des années 1970, le dos au mur face à l'érosion de ses sols qu'entraîne chaque pluie tropicale, **Herbert Bratz** décide de jouer son va-tout. Il veut tenter l'aventure d'une nouvelle pratique agricole qu'il a eu l'occasion d'observer aux États-Unis : l'agriculture sans labour. Au lieu de labourer ses

1. *The Power of Duck*, Takao Furuno, Éd. Tagari, 2000 (en anglais).

champs avant de semer, il adopte une machine qui permet de perforer le sol et de planter en profondeur les semences. Les rendements sont équivalents au début, mais la matière organique laissée en friche permet une hausse de la fertilité d'année en année. Face au changement climatique, la méthode est presque miraculeuse. Elle permet d'abord de diminuer les émissions liées au transport puisque le tracteur parcourt quatre fois moins de terrain. Mais en plus, avec la couverture végétale laissée sur le sol, le terrain devient un puits de carbone. Pour le secteur agricole, responsable en France de plus de 12 % des émissions [1], l'enjeu est de taille. Nul doute que l'envolée des cours du baril de pétrole aidera à convaincre les plus réticents.

1. Source JM Jancovici manicore.com – Citepa 2001.

III.

L'AMÉRIQUE DU NORD

Thomas Dinwoodie – Berkeley *(États-Unis)*
Fondateur de Powerlight,
le leader américain des panneaux solaires.

Du nouveau sous le soleil

Défi : *Transformer le modèle énergétique mondial en un modèle renouvelable.*
Idée reçue : *« L'énergie solaire, c'est trop cher. Les entreprises du secteur ne gagneront jamais d'argent ! »*
Solution durable : *On peut consacrer son activité à étendre ce modèle si l'on prouve que chacun y gagne au niveau économique.*

De Tokyo, pour rejoindre les États-Unis, nous prenons un vol qui nous fait revenir dans le temps, décalage horaire oblige. Nous connaîtrons deux vendredi 23 janvier 2004 ! Notre périple sur ce nouveau continent débute par deux semaines à San Francisco, la ville américaine la plus familière aux Européens. Berceau de la révolution Internet, la Silicon Valley est le plus célèbre centre mondial de recherche technologique. Naturellement, la sensibilité des Californiens aux questions environnementales les place sur le devant de la scène lorsque l'on évoque les technologies propres. Nous devons rencontrer une dizaine de professionnels et spécialistes en biotechnologies et énergies renouvelables, deux secteurs dont la presse locale prédit un avenir prometteur. Un article du magazine américain *Fortune* présente Thomas Dinwoodie, le fondateur de Powerlight, comme l'un des entrepreneurs les plus visionnaires de sa génération. Il est le fondateur d'une start-up en vue dans le secteur de l'énergie solaire. Il nous accueille chaleureusement dans les locaux spacieux de sa société dans le cœur de Berkeley.

Nous savons que la vie sur terre doit tout à la présence, près de notre jolie boule bleue, d'un voisin bouillonnant, le soleil. Et les sources d'énergie fossiles que nous exploitons aujourd'hui ne sont en fait que du « soleil concentré ». Le pétrole, le charbon, et le gaz naturel sont des résidus et des gaz issus de matières végétales ayant poussé il y a quelques millions d'années par la photosynthèse, capturant le dioxyde de carbone grâce à la lumière du soleil... On sait que ces sources d'énergies ne sont pas éternelles[1] et qu'à terme, nos sociétés vont devoir s'adapter à leur raréfaction et à la hausse de leur prix. L'exploitation directe de la seule source d'énergie primaire disponible sur terre, le soleil, est donc un rêve universellement partagé[2]. À tel point qu'on se demande ce qu'on attend pour le poursuivre...

Le soleil nous envoie chaque jour l'équivalent de cinq cents fois l'énergie que nous consommons en un an sur toute la planète. Malheureusement, nous la recevons sous la forme d'une pluie très fine de rayons, pas forcément simple à concentrer. Imaginez-vous contraint d'inventer une technologie qui tente de récupérer l'énergie produite par la chute de chaque goutte d'eau de pluie... Un casse-tête évident qui explique que la technologie solaire n'en

1. À moins d'attendre des millions d'années...

2. Les autres sources primaires, la chaleur de la terre (géothermie) et l'attraction de la lune (force des marées), ont des potentiels beaucoup plus limités.

soit encore qu'à ses balbutiements. Pourtant, dès maintenant, Powerlight démontre qu'une exploitation commerciale rentable de l'énergie solaire est possible. Thomas Dinwoodie a, en moins de dix ans, fait de sa start-up une entreprise florissante et rentable. Il emploie cent vingt personnes et a atteint en 2003 un chiffre d'affaires de 60 millions de dollars.

Thomas est un enfant d'Omaha, une petite ville tranquille de l'État du Nebraska. Amoureux de la nature, il use ses fonds de culottes chez les boy-scouts où il apprend à « laisser un lieu dans un meilleur état que celui dans lequel on l'a trouvé ». Il se souvient très bien du moment où ce qu'il appelle son « gène écologique » a été stimulé pour la première fois : « À quinze ans, un de mes professeurs venait de terminer un cours sur le changement climatique et je me suis rendu compte que très peu d'élèves avaient pris conscience de l'enjeu. Surtout, personne ne voulait agir, je me suis juré que, moi, j'allais le faire. » Selon lui, tout ce qu'il a entrepris par la suite découle de cet instant. Élève brillant, il obtient son diplôme d'ingénieur en physique de l'université de Cornell avant de se former à l'architecture à Berkeley.

Sa première expérience professionnelle le fait intégrer une équipe du MIT, le Massachusetts Institute of Technology, temple consacré de la recherche américaine. Il y étudie, au début des années 1980, les premiers panneaux solaires et leurs composants photovoltaïques. Thomas tombe littéralement amoureux de cette technologie « élégante et propre » qui transforme la lumière du soleil en électricité. À l'époque pourtant, les coûts de production sont encore largement prohibitifs et personne n'imagine pouvoir les commercialiser avant quelques décennies. Fort de ce constat, il quitte le MIT et intègre un cabinet d'architecte, spécialisé dans la construction de belles propriétés pour la bourgeoisie californienne.

Mais les premières amours ne s'oublient pas facilement. Un beau jour de l'été 1991, alors qu'il est arrêté en plein embouteillage sous un soleil de plomb, il a le déclic. « J'étais perdu dans mes pensées. J'essayais de résoudre un problème de salle de bains pour un de mes projets. Et puis j'ai vu le soleil chauffer le toit en tôle d'un supermarché. Je me suis rendu compte que cette salle de bains n'était finalement pas si importante, et surtout, j'étais en train de trahir mon engagement d'enfant. » Il décide de franchir le pas. L'énergie solaire a un avenir commercial. Il entend bien le démontrer.

Pendant quatre longues années, il s'enferme dans son garage et consacre toutes ses économies à la fabrication d'un prototype de tuile solaire. Marié et père de deux enfants en bas âge, son choix de vie n'est pas celui de la facilité. Les temps sont durs et il nous confie : « Je crois connaître toutes les façons de cuire une pomme de terre. » Mais Thomas a un atout décisif, il est à la fois ingénieur et architecte. Il sait que dans les calculs de coûts de fabrication d'un toit de bâtiment, ce sont les matériaux d'isolation, devant résister à la chaleur du soleil, qui alourdissent la note. Son prototype est donc une brique solaire, consistant en un panneau photovoltaïque posé sur un bloc de polystyrène. Il n'abîme pas la surface du toit car il est léger et se fixe sans perforer la structure. Le soleil ne fait plus fondre les couches d'isolant mais produit de l'électricité. La contrainte de chaleur est transformée en opportunité de production électrique. En 1995, les prototypes sont prêts, il crée Powerlight, quitte son garage pour un entrepôt plus spacieux et commence à embaucher. C'est le début d'un formidable succès commercial.

Powerlight propose de dessiner, de produire et d'installer des systèmes électriques solaires pour de grandes sociétés et des administrations. L'électricité produite par les toits peut couvrir jusqu'à 30 % des besoins énergétiques du bâtiment et réduit d'autant les factures. Bien sûr, l'investissement de départ est important, mais il est rentabilisé après un à dix ans, selon la taille du projet. La durée de vie moyenne de ces installations, sans aucun mécanisme mobile susceptible de s'user, est de trente ans. C'est donc rentable ! Le premier client, un grand hôtel d'Hawaii, a vite été suivi par des projets pour des sociétés telles que l'US Postal, Johnson & Johnson, Whole Foods Market ou Toyota. L'impact positif sur le réchauffement climatique de ces quatre derniers projets correspond, sur trente ans, au retrait de 18 000 voitures de la circulation ou à la plantation de 2 300 000 arbres [1].

La société a, dès sa création, été rentable et a doublé de taille chaque année. Elle a été reconnue par le magazine américain *Inc.* comme l'une des cinq cents entreprises à la croissance la plus forte pour la cinquième année consécutive. Seuls de futurs géants comme Microsoft ou Oracle ont connu cette consécration cinq années d'affilée [2]. D'autant que la société ne s'est financée que sur fonds propres, c'est-à-dire sans investisseurs extérieurs et qu'ainsi, 90 % de son capital reste entre les mains de ses salariés.

Aujourd'hui, l'exploitation du solaire photovoltaïque n'en est encore qu'à une échelle confidentielle. Si les énergies renouvelables représentent 19 % du bouquet énergétique américain, c'est essentiellement grâce à l'électricité des barrages. Et seul 1 % provient de l'énergie solaire ou de l'éolien [3]. Pour avoir un ordre d'idée, l'Allemagne, grâce une politique volontariste du gouvernement et des réalisations ambitieuses, est le deuxième marché mondial d'éoliennes et de panneaux photovoltaïques. Sa production d'électricité éolienne ne couvre pourtant que l'équivalent

1. Source : Powerlight.
2. Source : *Inc. magazine*, juin 2004.
3. Source : Rapport « Clean Energy Trends » de CleanEdge, un fond d'investissement californien, 2004.

de la consommation de tous les appareils en veille du pays (télévision, réfrigérateurs, chaîne hi-fi[1]...). Même si les taux de croissance de l'énergie renouvelable sont les plus importants de toutes les énergies, elle n'est encore qu'une énergie d'appoint car la consommation totale est trop importante. Les coûts de l'électricité solaire restent élevés même si ceux-ci ont baissé de moitié entre 1995 et 2003, et la production à grande échelle qui permettrait de rendre cette technologie compétitive commence à se dessiner. Partout dans le monde les fabricants de cellules photovoltaïques annoncent l'augmentation de la capacité des usines.

La politique volontaire de subventions de l'État de Californie a permis à Powerlight de se développer aux États-Unis, mais elle agit aussi en Allemagne et depuis peu au Japon. Thomas Dinwoodie nous assure qu'avec la technologie déjà disponible un parc de 80 kilomètres de rayon suffirait à produire la totalité de l'électricité aujourd'hui consommée aux États-Unis. Les surfaces inexploitées de toitures étant considérables, la contrainte n'est donc pas tant technique que politique et économique. Aucun des choix énergétiques du passé, le pétrole comme le nucléaire, n'a été pris sans une forte volonté et des subventions de recherche et d'exploitation. Le solaire ou l'éolien ne dérogent pas à la règle.

L'administration Bush applique une politique très conservatrice en matière d'énergie puisque un modeste objectif de 2,8 % de l'électricité américaine solaire et éolienne est fixé pour 2020[2]. Arnold Schwarzenegger, le nouveau gouverneur républicain de Californie, semble, pour sa part, beaucoup plus engagé. Il souhaite qu'un

1. Source : Agence Internationale de l'Energie, 2002.

2. Source : Rapport « Clean Energy Trends » de CleanEdge, un institut de recherche californien.

tiers de l'électricité de Californie soit renouvelable en 2020[1].

Avec la raréfaction des énergies fossiles traditionnelles, les contraintes esthétiques de l'éolien et les dangers d'une prolifération du nucléaire, le choix énergétique du siècle qui s'annonce se fera, selon certains experts, entre le charbon, dont les ressources sont encore abondantes, et le solaire. La combustion du charbon nécessaire à alimenter notre activité rendrait l'air rapidement irrespirable et accentuerait massivement le dérèglement climatique. La transformation de nos économies développées et les choix politiques de pays tels que l'Inde, mais surtout la Chine, dont la puissance et l'échelle sont suffisantes pour rendre le solaire disponible à bas prix, seront déterminants. Le débat s'annonce passionné et passionnant. Thomas Dinwoodie a choisi son camp...

Un autre exemple dans le domaine des énergies renouvelables :

En Allemagne, **Aloys Wobben** est le fondateur d'Enercon, la deuxième entreprise mondiale de fabrication d'éoliennes. Pour ce patron d'un groupe de cinq mille salariés, dont les usines ont produit plus de six mille turbines, l'éolien a le vent en poupe... Dès aujourd'hui, le land de Basse Saxe, au nord de l'Allemagne, reçoit plus de 54 % de son électricité grâce aux éoliennes et Aloys estime que 20 à 25 % des besoins électriques allemands pourraient être couverts en 2010. Le plus important potentiel d'expansion est celui de parcs off-shore, en pleine mer, afin de bénéficier de vents soutenus sans gâcher la vue des riverains... En Europe, ce sont le Danemark et l'Allemagne qui sont les pionniers de l'électricité éolienne. L'Inde aussi y investit massivement pour gagner son indépendance énergétique. Reste un problème de poids à régler, celui de l'intermittence des vents. L'électricité est difficilement

1. Objectifs de sa campagne 2003 – Source : Rapport « Clean Energy Trends » de CleanEdge.

stockable et personne n'imagine cesser de vivre normalement lorsque le vent s'essouffle... Une électricité 100 % éolienne semble donc difficilement envisageable, mais ce bémol ne nous autorise pas pour autant à tirer un trait sur cette énergie douce, qui pourrait soulager grandement notre planète.

Dov Charney – Los Angeles *(États-Unis)*
Fondateur d'American Apparel, fabricants de t-shirts éthiques.

Une « éthiquette » 100 % américaine

Défi : *Produire des t-shirts sans délocaliser sa production ou passer par des ateliers clandestins, tout en étant un des leaders de son marché.*
Idée reçue : *« Les délocalisations sont inévitables. »*
Solution durable : *Produire aux États-Unis en payant mieux ses salariés. Être un modèle d'entreprise responsable qui affiche d'excellents résultats.*

En Amérique du Nord, nous avons prévu de rencontrer vingt-trois entrepreneurs en moins de quarante jours. De San Francisco sur la côte ouest à Miami en Floride, il va nous falloir rouler plus de 20 000 kilomètres et traverser le pays d'ouest en est, en passant par Seattle, le Colorado, Washington, New York, Montréal et Atlanta. Et tout cela, en plein hiver... Ces quelques semaines vont peser lourdement sur notre budget, c'est pourquoi nous voulons réduire nos dépenses au maximum. Après avoir un moment envisagé de nous déplacer en bus, nous sommes découragés par le prix des petits hôtels et les kilomètres de taxi nécessaires pour rejoindre, dans chaque ville, nos interlocuteurs.

Nous avons donc opté pour l'achat d'un van[1] d'occasion, que nous tenterons de revendre avant notre départ pour le Mexique. Il nous permettra d'être totalement indépendants et de pouvoir dormir, chaque soir, à moindre frais.

Notre premier trajet nous mène 600 kilomètres au sud de San Francisco. Arrivés à la tombée de la nuit, nous préparons le van pour notre première nuit sur un parking, dans le centre ville sinistré de Los Angeles. Lovés dans d'épais duvets et couettes rembourrées, nous avons quelques difficultés à fermer l'œil, car nous avons élu résidence dans l'une des zones les plus dangereuses de la ville. C'est ici, le lendemain matin à la première heure, que nous devons rencontrer Dov Charney, le fondateur d'American Apparel, une marque de t-shirts « éthiques », qui contredit depuis sept ans tous les choix stratégiques des entreprises du secteur textile nord-américain.

Dov Charney est un original. Alors qu'une attachée de presse au style classique nous a présenté l'entreprise avant de nous conduire chez lui, nous apercevons un trentenaire survolté, simplement vêtu d'un t-shirt blanc et d'un caleçon rose en train de relever son courrier dans la rue... Il nous invite à entrer puis bondit sur son canapé en nous assaillant de questions sur notre voyage. Si, comme nous, vous pensez que cet homme est fou, son histoire prouve que, pour un allumé, il a de la suite dans les idées.

Tout commence à la fin des années 1980, lorsque Dov, originaire de Montréal, étudie dans un lycée privé du Connecticut. Fils d'un architecte et d'une artiste peintre renommée, il est considéré comme un excentrique hyperactif. Il aime décrypter les nouvelles tendances de la mode et développe une véritable passion pour le t-shirt américain. Or ces t-shirts « blancs, simples, et agréables à porter » ne sont pas disponibles au Canada. Dov, encore adolescent, décide d'y remédier. Il en achète des centaines,

1. Équivalent américain du monospace.

leur fait passer la frontière emballés dans des sacs poubelle et les revend à chaque coin de rue de la capitale québécoise. Élève brillant mais dissipé, sa passion pour le t-shirt le pousse à quitter les bancs de l'université du Michigan. Il veut se lancer et créer sa propre société de design et de fabrication.

Il étudie comment fonctionne les grands acteurs de ce marché, tels que Fruit of the Loom, Hanes ou Champion. Il observe que tous ces industriels sous-traitent leur production dans les pays à bas salaires, en République dominicaine, en Haïti, au Mexique et bientôt en Chine. Il se rend sur place et découvre, qu'étant donné le nombre de fournisseurs impliqués, il est quasiment impossible de s'assurer que les vêtements soient produits dans de bonnes conditions de travail. Les « sweatshops [1] », ces ateliers tant décriés, dans lesquels les conditions de travail sont déplorables, sont souvent utilisés. Ceux-ci abritent des hommes, des femmes et même de jeunes enfants qui travaillent jusqu'à seize heures par jour, à des cadences infernales, et pour des salaires de misère. Nous sommes au milieu des années 1990, le monde occidental commence à peine à découvrir les destins individuels tragiques cachés derrière les vêtements qu'il porte [2].

Il décide alors de prendre le contre-pied total des pratiques habituelles. « Je voulais prouver que produire dans ce type d'ateliers clandestins, en exploitant ce qui s'apparente à des esclaves modernes revenait finalement plus cher que de produire de manière éthique, aux États-Unis. » Il crée sa société en 1998 et choisit de payer ses dix premiers employés 13 dollars de l'heure, alors que le salaire minimum en Californie est à 8 dollars seulement.

1. Sweatshops : littéralement : « usines à sueur ».

2. Aujourd'hui, le travail des enfants a en grande partie été banni dans les pays à bas salaires, et les conditions améliorées grâce à l'effort conjoint des ONG et des entreprises concernées.

Il offre une très bonne couverture sociale, subventionne les déjeuners et les tickets de bus de ses employés, et pratique des horaires décents. Il propose de nombreux avantages comme des cours d'anglais ou d'espagnol, des téléphones gratuits pour appeler aux États-Unis et même des séances de massage lors des pauses ! Son usine n'est pas en Chine mais en plein centre-ville de Los Angeles, une zone économique sinistrée.

Malgré des pratiques sociales avant-gardistes, Dov sait que, pour connaître le succès, il lui faut avant tout être irréprochable sur la qualité des vêtements qu'il dessine. D'abord destinés à ses « amis dans la rue », ses modèles ont pour cible une population jeune et sportive. Au-delà du slogan : « sweatshops free t-shirts [1] », Dov rêve de créer une société « plus humaine, plus jeune et plus juste ».

Malgré des premiers résultats encourageants et des boutiques qui ouvrent dans quelques grandes villes américaines, il a beaucoup de difficulté à convaincre les banquiers californiens de le soutenir dans son développement. Son approche en « intégration verticale » les effraie, elle est totalement à contre-courant de ce qui se passe partout ailleurs aux États-Unis. Plus lentement mais sûrement, il fait grandir son entreprise en réinvestissant tous ses bénéfices dans la société.

Aujourd'hui, il a prouvé à ceux qui ne lui ont pas fait confiance lorsqu'il en avait besoin qu'ils se trompaient... Selon lui « ils ne comprenaient pas comment nous arrivions à être aussi rentables, en payant nos salariés aussi bien ». En dehors du pays, on peut trouver la main-d'œuvre à 30 cents de l'heure. Il explique : « Nos salariés sont plus heureux, plus motivés, travaillent mieux et ne nous quittent plus. » Lors de notre visite de l'usine, nous avons appris que la liste d'attente pour intégrer la société

1. Sweatshops free t-shirts : t-shirts garantis non produits en sweatshop ou t-shirts « éthiques ».

était de mille personnes ! La rotation du personnel est deux fois moindre que la moyenne du secteur et lorsque Dov pénètre dans l'usine, l'accueil que lui réserve ses employés, à majorité hispanophone, n'a rien à envier à celui d'un Ricky Martin débarquant dans un concert...

Marty Bailey, le vice-président d'American Apparel, a rejoint Dov il y a quatre ans. Après quinze ans chez d'autres fabricants concurrents, il en a eu assez de fermer des usines en Virginie pour les rouvrir au Mexique. Cet expert du secteur nous confie la clé pour comprendre le succès de ce modèle : « Nous sommes beaucoup plus réactifs aux changements de mode et aux commandes urgentes de nos clients. » Lorsqu'il faut plusieurs semaines à une société basée en Chine ou en Haïti pour livrer une commande urgente, American Apparel peut le faire en quelques jours seulement. Donc au-delà de la productivité exceptionnelle d'employés motivés par un projet d'entreprise humaniste et cohérent, le succès d'American Apparel s'explique aussi par une meilleure adaptation à la demande du pays. Lorsque l'on traite ses employés aussi bien, ils ne rechignent pas, quand il le faut, à traiter les commandes de dernière minute. Et les clients l'apprécient.

Les banquiers aussi l'apprécient. Ils font, désormais, la queue pour financer le développement de la société ! American Apparel est devenu en seulement six ans le plus important fabricant de t-shirt « made in USA ». Tout en doublant de taille chaque année depuis sa création, l'entreprise est aujourd'hui la plus rentable du secteur. L'usine de Los Angeles, établie sur sept étages et 110 000 mètres carrés, emploie plus de deux mille deux cents personnes et produit chaque semaine un million de vêtements. Les ventes de t-shirts mais aussi de sous-vêtements, de polos ou de pull-overs ont représenté un chiffre d'affaires de 140 millions d'euros en 2004. Le modèle American

Apparel a déjà été salué par la presse économique comme le *Times Magazine*, le *New Yorker* ou *CNN*.

Reconnu pour ses innovations sociales, Dov veut désormais devenir, en conservant son rythme de croissance, irréprochable en matière d'environnement. Il nous explique : « L'industrie textile s'approvisionne principalement en coton génétiquement modifié du sud des États-Unis, cultivé avec un emploi massif de pesticides chimiques, connus pour contaminer les nappes d'eau potable, provoquer des cancers, et empoisonner les animaux sauvages. » En effet, la production de coton utilise un quart des pesticides produits dans le monde qui sont responsables, selon certaines ONG, de la mort directe de 67 millions d'oiseaux et 14 millions de poissons chaque année sur le territoire américain [1]. Les graines de coton sont utilisées plus tard dans l'alimentation animale et les résidus de pesticides se concentrent dans les tissus des bovins. Lorsque vous mangez un steak, ces substances toxiques pour la santé humaine se retrouvent même dans votre assiette. La production de coton sans pesticides n'a donc rien d'une tendance de mode, c'est une nécessité. Pour répondre à cet enjeu écologique majeur, American Apparel a lancé en 2004 une collection produite à partir de coton 100 % biologique.

Mais sa demande est tellement importante qu'il va devoir convaincre de nouveaux fermiers de passer aux méthodes de culture biologique, beaucoup plus saines pour leur santé et plus rémunératrices que la filière « traditionnelle ». L'objectif annoncé par Dov est d'étendre cette gamme pour qu'en 2007, elle représente 80 % des produits vendus par la marque. Ainsi, American Apparel sera le premier consommateur de coton biologique aux États-Unis. Au-delà de cet objectif « ambitieux mais réalisable » Dov a lancé une grande campagne de recyclage dans son

1. Source : Pesticide Action Network : http://www.panna.org

usine. Celle-ci permet de collecter et de réutiliser plus de mille tonnes de fibres, auparavant destinées à la décharge.

Un rien déjanté, l'esprit bouillonnant et sans cesse à l'affût de nouvelles idées, Dov Charney prouve chaque jour que les délocalisations dans les pays développés et les pertes d'emploi qu'elles entraînent n'ont rien d'une fatalité. Il prouve aussi et surtout, qu'une politique sociale d'avant-garde est un investissement sensé. Après avoir conquis le marché américain et monté plus de cent cinquante boutiques dans les principales villes du pays, Dov a ouvert, en 2004, trois magasins à Londres et un à Paris. Son objectif, en plus d'être rentable et responsable dans les pays développés, est de reproduire le modèle dans les pays du Sud. « Dans cinq ans, prédit-il, quand le marché chinois aura découvert les t-shirts américains, il y aura sans doute une usine American Apparel à Shanghai ou à Pékin. Elle produira uniquement pour les marchés asiatiques, mais nos employés seront payés au salaire minimum américain. »

Comme Ford avant lui qui, dans les années 1930, doublait le salaire de ses employés pour s'attacher leur fidélité et attirer les meilleurs, l'exemple initié par cet iconoclaste moustachu incarne, selon nous, la prochaine révolution industrielle. Une révolution du sens, dont l'histoire retiendra qu'elle fut initiée par un excentrique, amateur de caleçon rose...

Un autre exemple dans le domaine du business « éthique » :

En Californie, nous avons aussi rencontré **Mike Hannigan**, le fondateur d'une étonnante société appelée « Give Something Back[1] » dont l'intégralité des bénéfices est reversée à des œuvres humanitaires choisies par les clients. La vente de papier et fournitures de bureau, métier de

1. Give Something Back : redonner quelque chose.

l'entreprise, n'est qu'un prétexte pour lever de l'argent pour les causes qui en valent la peine... C'est l'un des acteurs majeurs de son secteur d'activité dans l'État de Californie. L'entreprise compte une centaine d'employés et a, depuis dix ans, distribué plus de 3 millions d'euros à 150 ONG.

Neil Peterson – Seattle *(États-Unis)*
Fondateur de Flexcar, pionnier américain de l'« autopartage ».

« Et si on faisait caisse commune ? »

Défi : *Diminuer considérablement l'usage que les Américains font de leurs voitures, pour réduire l'impact écologique des transports.*
Idée reçue : *« La possession et l'usage de la voiture sont désormais des acquis de la culture américaine, d'autant plus difficiles à remettre en question qu'ils participent à la valorisation de soi. »*
Solution durable : *Créer une entreprise diffusant un modèle d'auto-partage tellement attractif et intelligent que les Américains laissent leur voiture au garage.*

Si les États-Unis sont souvent montrés du doigt pour leurs comportements irresponsables en matière d'environnement, il faut comprendre à quel point l'« American Dream[1] » est ancré dans l'imaginaire collectif. Ce rêve est intimement lié à une idée de réussite matérielle, et il serait vain d'espérer d'un quelconque locataire de la Maison Blanche qu'il remette en cause ce symbole. Pour faire évoluer la société américaine vers un mode de vie plus écolo-

1. « The American Dream » : le rêve américain.

gique, il faudrait remettre en cause de nombreux idéaux de consommation, au premier rang desquels figure celui de la « voiture pour tous ». Mais s'il serait dangereux pour un homme politique de vouloir faire évoluer ces comportements, les entrepreneurs américains, en revanche, ont longtemps montré à quel point leurs entreprises pouvaient avoir un impact majeur sur les modes de vie. Thomas Edison et l'électricité, Henry Ford et l'automobile, ou Steve Jobs [1] et la micro-informatique ont fait considérablement changer la façon dont les Américains, et les autres habitants de la planète, vivent. Aujourd'hui, de nouveaux entrepreneurs, pour qui l'« American way of life [2] » doit s'inspirer davantage de modes de vie à l'européenne, en meilleure harmonie avec l'environnement, tentent de faire évoluer les mentalités. À Seattle, nous avons rencontré Neil Peterson, le fondateur de Flexcar, une société inspirée par un modèle européen, dont l'objectif est de changer durablement la manière dont les Américains se déplacent.

Pendant vingt ans, Neil Peterson a travaillé, pour des municipalités comme Seattle, Los Angeles et San Francisco, sur les problématiques de transports publics. Ses objectifs ont toujours été simples. Il fallait réduire les déplacements en voiture qui causent encombrement et pollution et tenter de convaincre la population urbaine d'adopter le bus, le tram ou le métro [3]. Sans cesse à l'affût de nouvelles idées, il lui était courant de passer chaque année plusieurs semaines en Europe pour étudier les innovations françaises, anglaises ou allemandes en la matière. C'est lui qui est à l'origine, aux États-Unis, de l'implantation des premiers

1. Fondateur d'Apple et du système d'exploitation Macintosh.

2. « The American way of life » : le mode de vie à l'américaine.

3. Un procès a même eu lieu aux États-Unis pour démontrer que des sociétés écran de groupes du secteur automobile avaient racheté les entreprises de tramway et de transports urbains pour les démanteler. (Source : procès de 1949 à Chicago in Eric Schlosser, *Les empereurs du fast food*, Éd. Autrement, 2003).

bus à motorisation hybride [1] ou des bus à soufflets, deux fois plus longs grâce à une articulation centrale. Autant d'innovations, observées sur le vieux continent, pour un transport plus respectueux de l'environnement.

Au milieu des années 1990, au cours de l'un de ses déplacements en Suisse, il découvre le principe de l'auto-partage, inventé une décennie plus tôt. L'idée est simple. Elle consiste à fédérer des utilisateurs occasionnels de voiture pour qu'ils partagent un véhicule en le réservant pour quelques heures seulement. Pour des automobilistes irréguliers, ce service leur permet de disposer d'une voiture quand bon leur semble, sans avoir les inconvénients et surtout les frais d'achat et d'entretien d'un véhicule. Pour Neil Peterson, l'idée est tout simplement géniale. « Cela faisait vingt ans qu'à chaque fois que je tentais de convaincre mes interlocuteurs d'utiliser davantage les transports en commun, on me répondait systématiquement : "Et si j'ai besoin d'une voiture dans la journée ?" J'avais enfin une réponse. »

Persuadé de la pertinence du modèle, Neil rentre aux États-Unis et découvre que la municipalité de Seattle recherche des partenaires pour lancer un service similaire. Elle a tenté de convaincre des entreprises de location telles qu'Hertz ou Budget mais celles-ci n'ont pas semblé intéressées au contraire de Neil Peterson. Il parvient à les convaincre de s'associer à la création de Flexcar, la première société d'auto-partage américaine. Avec un investissement personnel initial plus que modeste, il entame son activité en mettant deux voitures à la disposition de ses premiers clients dans le centre-ville de Seattle. Pour faire connaître son service, il se débrouille en obtenant des espaces publicitaires gratuitement dans le métro grâce à la municipalité. Certains journalistes parlent de lui, le bouche-à-oreille fait le reste.

---

1. Moteurs fonctionnant à l'essence et à l'électricité.

Son service est simple. Pour un abonnement annuel de 25 dollars, les membres de Flexcar peuvent réserver par téléphone ou sur Internet l'un des véhicules de la flotte, stationné sur des places réservées de la ville. Ils ouvrent le véhicule avec une carte électronique et, à leur retour, la durée de leur périple est transmise par satellite pour la facturation. Le prix, entre 6 et 9 dollars de l'heure, comprend tout : l'utilisation du véhicule, le kilométrage, l'essence et l'assurance. Comme nous l'explique Neil Peterson : « Peu de personnes le calculent, mais le coût réel de la possession d'un véhicule peut s'élever à 600 dollars par mois si l'on prend en compte l'assurance, les réparations et la décote à la revente. La voiture est le deuxième poste de dépenses des Américains après le logement, mais personne ne le sait. Pour nos clients, qui n'utilisent un véhicule qu'une dizaine d'heures par mois, le calcul est vite fait. » Et pour les municipalités, le service d'auto-partage est le complément idéal des transports publics. Ils estiment qu'une voiture en partage permet de remplacer six véhicules en circulation. Flexcar réduit donc d'autant les problèmes de parking, d'embouteillages, et de pollution. Plus de 60 % des clients de Flexcar déclarent avoir revendu leur précédent véhicule ou renoncé à en acheter un nouveau. Des voitures en partage pour désengorger les villes, il fallait y penser !

Créé en 2000, Flexcar est aujourd'hui présent dans une douzaine de villes, principalement sur la côte ouest américaine. Ses trois cent cinquante véhicules sont mis à la disposition de plus de vingt mille abonnés. Leader historique du marché américain, l'entreprise va pour la première fois être concurrencée directement par un service équivalent, dans la ville de Washington. « Je serais beaucoup plus inquiet si je n'avais aucun concurrent ! » nous déclare, hilare, Neil Peterson. Et les entreprises sont aussi clientes, elles représentent désormais 40 % des revenus de la société. Sur ce créneau, Flexcar vient se positionner en concurrence directe avec les loueurs traditionnels et les taxis. Son offre permet à de nombreux clients comme la chaîne de cafés Starbuck's, dont le siège est à Seattle, de réduire leurs factures de transport. Des véhicules en partage, dans les parkings des bureaux, permettent aux collaborateurs de se rendre à leur rendez-vous, tout en utilisant les transports en commun pour leurs trajets habituels.

L'engagement environnemental est profondément ancré dans la culture de l'entreprise. La moitié de la flotte est constituée d'Honda à motorisation hybride fonctionnant à l'essence et à l'électricité, ce qui permet de réduire considérablement la pollution et les factures d'essence. « Nous facturons nos clients en incluant tous les coûts, même la consommation d'essence. Favoriser les véhicules à faible consommation, pour Neil Peterson, c'est du bon sens économique ! » Et en 2003, Flexcar a signé un accord avec une ONG[1] pour être la première société du secteur à être certifiée « neutre sur le climat ». Dorénavant, toutes les émissions de gaz à effet de serre des véhicules Flexcar à travers le pays sont compensées par la plantation de forêts. La croissance des arbres absorbera l'équivalent du dioxyde de carbone émis, et ralentira ainsi le dérèglement climatique.

Flexcar est une véritable start-up qui se bat sur un marché estimé aujourd'hui aux États-Unis, à 15 millions de dollars. Et certains analystes estiment que d'ici 2009, il devrait décupler[2]. Si les premières implantations à Seattle et Portland sont déjà rentables, l'entreprise ne devrait générer ses premiers bénéfices qu'en 2005. Mais cela n'a pas l'air d'effrayer les investisseurs. En février 2004, plusieurs acteurs du monde du transport, dont Honda, ont décidé d'investir 4 millions de dollars supplémentaires pour financer la croissance de l'entreprise.

---

1. American Forests : http://www.americanforests.org
2. Source : ABI Research.

Mais la vraie difficulté reste, selon Neil Peterson, d'affronter la sacro-sainte barrière du « sentiment de propriété ». Avoir son bolide, même rarement utilisé dans un garage, c'est encore pour beaucoup l'assurance d'être « quelqu'un ». C'est pour cela que la majorité des clients individuels de Flexcar sont des jeunes urbains ou des personnes de plus de cinquante ans dont les enfants ont quitté le nid. Conscients de l'impact de tels choix sur la planète, ils n'ont plus rien à se prouver. Assurément, c'est une révolution des mentalités que Flexcar et ses concurrents tentent de provoquer. Le défi est immense !

Neil n'en perd pas pour autant son indéfectible ambition. Il veut être présent dans les trente plus grandes métropoles américaines d'ici à cinq ans. Et s'il ne se considère pas du tout comme un activiste engagé, il se contente de chercher à convaincre que « l'important n'est pas la possession, mais l'usage ! » Nous le sommes depuis longtemps, et vous[1] ?

Un autre exemple dans le domaine des transports :

Assurer une politique de transport durable passe aussi par une politique d'urbanisme adéquate. À Delft, en Hollande, nous avons rencontré **Mirjam van Oeft**, la responsable « mobilité » de cette ville entièrement adaptée aux deux roues. De nombreux aménagements ont permis à la ville de Delft de compter autant de vélos que d'habitants. On estime qu'un trajet sur deux de moins de 7,5 kilomètres est effectué à vélo. Ce qui a fait économiser près de neuf millions de litres d'essence par an et a certainement eu un impact très positif sur la santé de ses habitants.

1. En France, il existe plusieurs entreprises d'auto-partage, à Paris : http://www.caisse-commune.com, ou à Strasbourg : http://www.autotrement.com

Amory Lovins – Snowmass *(États-Unis)*
Expert mondial des questions d'énergie.

De l'énergie à revendre...

Défi : *Imaginer le modèle énergétique durable du* XXIe *siècle.*
Idée reçue : *« En dehors du pétrole, point de salut ! »*
Solution durable : *Concevoir, à partir d'une technologie hybride, un modèle de véhicule écologique qui parvient à réconcilier multinationales et écologistes radicaux.*

Avant de parcourir les trois mille kilomètres qui nous séparent de la côte est des États-Unis, nous faisons une halte à Basalt, une bourgade perchée à deux mille mètres d'altitude, sur les pentes des montagnes Rocheuses, dans le Colorado. Nous venons de passer trois journées magiques dans le parc National de Yellowstone, à observer les coyotes, bisons, cerfs et loups qui profitent de leur liberté. Mais nous voilà de retour à la civilisation puisque nous sommes à quelques kilomètres d'Aspen, la station de ski la plus chic du pays. Nous filons sur une route de campagne enneigée au beau milieu des pâturages, longeons une rivière gelée puis passons un pont de bois. Enfin, nous tombons sur une grande maison en pierre dont on nous a dit qu'elle défiait les lois de la physique. Modèle d'architecture écologique, ce bâtiment confortable est le siège du Rocky Mountain Institute (RMI), un institut de recherche sur l'énergie. Il est réputé pour fonctionner toute l'année sans système de chauffage ou climatisation, alors que le climat local réserve des variations de température de -20 °C à 30 °C. C'est ici qu'Amory Lovins, un des meilleurs experts mondiaux de l'énergie, nous reçoit et nous livre les secrets de cet étonnant édifice. Il revient avec nous sur plus de vingt-cinq années de recherches et d'expérimentations énergétiques utiles à la planète.

Né à Washington, Amory grandit dans le Massachusetts. Élève brillant, il intègre la prestigieuse université d'Harvard et travaille en collaboration avec Édouard Purcell, récent prix Nobel de physique. Mais il rêve d'ailleurs. « Ce sur quoi je travaillais à cette époque était passionnant mais au final peu important. » Dès sa deuxième année, il est contraint de quitter l'Université pour des problèmes de santé. Les articulations de son genou gauche le font horriblement souffrir. C'est à cette époque que, pour sa rééducation, il s'oblige à marcher de longues heures en montagne et se découvre une passion pour la nature.

Après avoir terminé ses études à Oxford, en Angleterre, il commence à s'intéresser aux problématiques d'énergies et de conservation. Il rencontre David Brower en 1971, le fondateur légendaire des « Amis de la Terre », une des toutes premières ONG environnementales. Installé à Londres, il publie son premier livre de photographies, véritable cri d'alerte pour empêcher qu'un parc naturel gallois soit déclassé en raison de ses importantes ressources minières. À vingt-huit ans, Amory commence à publier des articles remarqués où il prévoit que, lentement mais sûrement, les énergies renouvelables (le solaire, l'éolien et les biocarburants) supplanteront un jour les énergies fossiles et le nucléaire. Mais ce sont surtout ses théories avant-gardistes sur l'efficacité énergétique, exprimées entre les deux chocs pétroliers, qui rencontrent un succès considérable. Entre 1977 et 1985, dernière période où les États-Unis se sont vraiment souciés de réduire leur dépendance vis-à-vis du Moyen-Orient, la consommation nationale de pétrole a chuté de 17 % alors que le PIB a crû de 27 % [1]. Au début des années 1980, Amory a déjà signé six ouvrages sur cette nouvelle approche énergétique et est devenu consultant dans pas moins de quinze pays.

Très vite, pour nourrir sa réflexion, il ressent le besoin de créer un centre de recherche indépendant et apolitique. Avec l'aide de généreux « business angels [2] » et de fondations, il crée le Rocky Mountain Institute avec l'objectif d'en faire « un laboratoire d'idées pour créer un monde plus sûr, plus juste, plus prospère et plus respectueux de l'environnement ». La première mission qu'il se donne est de faire de son bâtiment un modèle d'efficacité énergétique. Grâce à un design innovant qui optimise la circulation de l'air, des « super fenêtres » permettant de capter la chaleur du soleil et tout un tas d'astuces pour réduire la consommation électrique des appareils ménagers, il réussit le tour de force de construire un bâtiment dix fois plus économe en énergie qu'un bâtiment classique. La faible énergie nécessaire est, en outre, intégralement fournie par des panneaux solaires. Même la consommation d'eau est divisée de moitié par rapport à un édifice équivalent. Ces économies d'énergie ne nuisent en rien au confort du lieu. Au beau milieu de l'hiver, alors que la terre est recouverte de deux mètres de neige, il parvient à faire pousser de délicieuses bananes et des mangues dans sa serre... Avec les technologies de l'époque, le surcoût à l'investissement a été rentabilisé en dix mois seulement et depuis, il affirme économiser 7 000 euros par an sur ses

1. Source : « Wining the Oil Endgame », Amory Lovins, Éd. RMI, 2004.

2. Business angel : investisseur individuel.

factures. S'il devait le reconstruire avec les technologies actuelles, ce serait sans doute encore davantage.

Dans le courant des années 1980, grâce à des études précises et à une créativité sans borne, il arrive à prouver aux compagnies électriques nord-américaines que c'est dans leur intérêt d'aider leurs clients à réduire leur consommation. Le concept de « négawatt » est né. En subventionnant les économies d'énergie elles permettent non seulement à leurs clients de gagner de l'argent, et de les fidéliser, mais améliorent aussi leur rentabilité. Par exemple, en 1992, le plus grand groupe électrique californien a investi 170 millions de dollars pour aider ses clients à réduire leurs factures, ce qui a généré 400 millions d'économies. Celles-ci ont été redistribuées à 89 % pour les clients sous forme de réduction de tarifs et 11 % pour les actionnaires. « Le watt qui coûte le moins cher n'est pas celui à produire en investissant dans une nouvelle centrale, mais celui qu'on fait économiser au client. » Les clients bénéficient du même service et du même confort intérieur, mais en utilisant beaucoup moins d'énergie. Les économies générées permettent aux groupes électriques d'être plus rentables en s'évitant des investissements coûteux. Tout le monde y gagne ! La grande majorité des compagnies électriques américaines a compris l'intérêt d'une telle démarche et l'a mise en pratique. En France, Électricité de France commence seulement à le faire depuis quelques années.

Amory Lovins devient aussi un auteur à succès puisqu'il co-écrit des « bibles » du développement durable telles que *Facteur 4*[1] et *Natural Capitalism*[2] où sont présentés de nombreux exemples concrets des prémices d'une

1. *Facteur 4*, A. Lovins, H. Lovins, Ernst von Weiszäcker, Éd. Terre vivante, 1997.

2. *Natural Capitalism*, A. Lovins, H. Lovins, Paul Hawken, Éd. Back Bay Books, 2000 (en anglais).

économie « légère » à l'impact écologique radicalement réduit. Il influence la pensée de nombreux grands chefs d'entreprise et d'hommes politiques dont Bill Clinton, qui déclare en avoir fait « ses livres de chevet ». Tout le modèle énergétique américain est, pour Lovins, à revoir. La dépendance en pétrole coûte chaque année des milliards de dollars aux contribuables américains pour assurer la sécurité de l'approvisionnement de zones politiquement instables. Les niveaux de consommation sont les plus importants au monde, et même le double des Européens, qui ne vivent pas moins bien... Et pour prouver que d'autres modèles sont possibles, il n'a rien trouvé de mieux que d'exercer sa créativité sur la plus importante industrie mondiale : l'automobile.

Avec une équipe d'experts, il parvient à fabriquer le prototype de l'Hypercar, une voiture dont la structure en fibres de carbone se révèle deux fois plus légère que l'acier et tout aussi résistante aux chocs. Alignant les mêmes niveaux de confort, de performance et de sécurité que les modèles actuels, ce « concept car » consomme jusqu'à 60 % moins de combustible. Son moteur, quant à lui, est doté d'une pile à combustible alimenté en hydrogène et n'émet que de la vapeur d'eau. « Virtuellement, affirme Amory, si la totalité de la flotte mondiale était remplacée par ce véhicule cinq fois plus efficace, nous pourrions économiser autant de pétrole que ce que les pays de l'OPEP[1] exportent actuellement et ralentir considérablement le réchauffement climatique. » Cette voiture du futur intéresse tout le secteur automobile et Amory travaille aujourd'hui avec les plus grands constructeurs mondiaux pour faire de ce projet une réalité. Bien qu'il faille encore trouver un moyen de produire et d'acheminer l'hydrogène, il a été élu par un magazine automobile de référence la vingt-deuxième personnalité la plus influente du secteur.

1. OPEP : Organisation des pays exportateurs de pétrole.

L'Hypercar a remporté de nombreux prix dont, en 2003, le très renommé « World Technology Award for Environment [1] ».

En 2004, le constructeur japonais Toyota a vendu près de cent trente mille voitures hybrides dans le monde, dont la Prius, son modèle phare. La technologie hybride fonctionne en combinant un moteur à essence et un moteur électrique qui se recharge avec l'énergie des freinages. Amory est conscient que l'innovation majeure que constitue le moteur à hydrogène ne sera pas disponible avant vingt ou vingt-cinq ans. Mais la principale innovation de l'Hypercar n'est pas tant le moteur que sa structure légère qui prouve qu'on peut réduire de moitié la consommation des véhicules. « Aujourd'hui, 95 % de l'énergie utilisée par la voiture sert à déplacer la voiture elle-même, et seulement 5 % le passager. On doit pouvoir améliorer ce rapport », affirme Amory. La société Fiberforge, émanation du RMI, s'est spécialisée dans la promotion de ce nouveau matériau léger.

Ce touche-à-tout génial, conscient de l'urgence des enjeux, n'hésite pas à travailler main dans la main avec les multinationales tant décriées par les écologistes trop radicaux. Son organisation, forte de cinquante experts de l'énergie, a permis à IBM, Dupont de Nemours ou STMicroelectronics de réduire considérablement leur consommation énergétique. Il contribue sans doute plus que quiconque à construire une économie plus propre et plus verte. Et toute son attention est consacrée à imaginer les solutions pour un monde durable. Ses travaux l'ont amené à travailler avec les gouvernements de seize pays et lui ont valu de recevoir le « Right Livelihood Award », le prix Nobel alternatif.

1. « Prix mondial de la technologie pour l'environnement », attribué par un collège de scientifiques émérites et de grands industriels. World Technology Network, juin 2003.

Malgré sa renommée et son influence, ce quinquagénaire à la mine ronde avec des faux airs de Dupont de *Tintin*, conclut notre entrevue en prédisant que les solutions aux grands enjeux viendront certainement de plus en plus des pays du Sud. « Les cerveaux ont été équitablement distribués : un par personne. L'avenir nous demandera des esprits ouverts et des cœurs modestes. » On imagine Dupond rajoutant : « Je dirais même plus, des cœurs modestes et des esprits ouverts... »

William Drayton – *Arlington (États-Unis)*
Fondateur d'Ashoka, Premier réseau d'entrepreneurs sociaux.

Entreprendre pour changer le monde...

Défi : *Favoriser l'émergence d'un société civile citoyenne dans les pays du Sud.*
Idée reçue : *« Les pays du Sud doivent suivre les enseignement des pays du Nord. »*
Solution durable : *Investir sur les hommes et non sur les projets. Considérer chacun comme un acteur potentiel de changement et un micro-entrepreneur.*

Après avoir roulé pendant trois jours, pratiquement sans s'arrêter, sur les lignes droites des autoroutes du Kansas, du Missouri et du Kentucky, nous parvenons, épuisés mais heureux, à notre destination : Washington. Accueillis par un ami camerounais de Mathieu qui travaille à la Banque Mondiale, nous sommes invités, le jour même, dans une soirée de la communauté africaine de Washington dont la majorité des membres travaillent dans les organismes de développement. Cette soirée nous donne l'occasion de dialoguer avec des Sénégalais, des Tanzaniens et de ravissantes Éthiopiennes, avec lesquels nous évoquons la situation de leurs pays respectifs. À quelques nuances près, tous reconnaissent, sans le dire aussi crûment, que le modèle d'aide entre les pays du Nord et les pays du Sud a échoué. Les grands projets d'infrastructures que financent les grandes agences de développement américaines, françaises ou japonaises sont utiles au pays. Mais tous nos interlocuteurs s'accordent à penser que les populations locales en touchent rarement les bénéfices. L'argent de l'aide retournant au Nord par le biais des entreprises contractées, souvent originaires, étrange coïncidence, du même pays que le donateur. Les dirigeants locaux ne sont pas non plus innocents. Ils acceptent un système qui les nourrit en abondants pots-de-vin. Si nous nous doutions de cet état de fait, nous sommes, en revanche, surpris d'observer qu'au cœur même des institutions internationales des jeunes de nos générations peinent à croire au modèle qu'ils participent pourtant à faire avancer.

Le lendemain, nous devons rencontrer William Drayton, le fondateur d'une organisation dont l'approche est à l'opposé du système d'aide traditionnel. Nous passerons une demi-journée en sa compagnie, dans l'ambiance feutrée de bureaux situés dans une élégante tour de verre, en face de la capitale américaine. Notre interlocuteur a les manières et l'apparence d'un quinquagénaire calme et réfléchi, mais la mission de son organisation est démesurée. Il veut, tout simplement, changer le monde !

Au cours des deux dernières décennies, le nombre d'associations à but non lucratif a triplé dans le monde. « Les citoyens ont, selon Bill Drayton, développé une conscience aiguë de la destruction de l'environnement, de l'exclusion, des catastrophes sanitaires, des violations de droits humains et des défaillances des systèmes d'éducation. Nombre d'entre eux se sont engagés pour y remédier. » Ashoka, l'organisation qu'il a fondée, s'est donné pour mission de soutenir le travail de ces hommes et de ces femmes, acteurs de changements positifs pour la société. Bill les appelle les « entrepreneurs sociaux ». Ils ont la passion et l'enthousiasme de créateurs d'entreprises et la conscience de militants engagés pour une cause. Si l'approche d'Ashoka est selon nous radicalement innovante, c'est qu'elle parie sur les individus, et leur capacité à aller au bout de leurs rêves. Elle n'applique pas des recettes ou des méthodes mais soutient des vocations... Et ça change tout !

Enfant unique d'une mère australienne et d'un père américain au passé d'explorateur, Bill grandit à New York. Son enfance est marquée par les discours de Martin Luther King, en pleine lutte pour la reconnaissance des droits civiques. Plutôt précoce, il se distingue déjà en créant un journal dans son école primaire. À dix-sept ans, lui qui se qualifie comme un « romantique et modeste activiste » se fait arrêter en face de son lycée lors d'un défilé contre la ségrégation raciale. Fervent admirateur du mouvement indien de non-violence, il part trois ans plus tard pour un long et périlleux voyage. De Munich, il traverse le Moyen-Orient en van Volkswagen et rejoint Ahmed Abad en Inde. Après six mois d'aventures, il atteint la destination de son pèlerinage : l'Ashram [1] de Gandhi.

À son retour, il rejoint les rangs des prestigieuses universités d'Harvard puis d'Oxford pour y étudier l'économie, le droit et le management. Mais les images de pauvreté de la population indienne ne le quittent pas pour autant. Il retourne en Inde fonder une association caritative afin de collecter livres et vêtements. Puis, il décide de mettre son engagement un peu de côté pour entamer une carrière professionnelle « classique » en entrant dans un grand cabinet de conseil en stratégie. Dix années plus tard, il est proche du candidat à l'élection présidentielle Jimmy Carter. En 1976, Carter est élu et lui confie d'importantes responsabilités au sein de l'« Environmental Protection

---

1. Ashram : terme sanscrit désignant un lieu où vit une communauté groupée autour d'un maître spirituel (le gourou).

Agency », agence chargée des questions environnementales du pays. Après avoir connu le monde de l'entreprise, il découvre celui de l'administration. Et, pour la première fois, il prend conscience des grands enjeux écologiques auxquels le pays doit faire face. En 1980, Ronald Reagan succède à Jimmy Carter. L'environnement n'est plus la priorité et les crédits de l'Agence sont drastiquement réduits. Privé de moyens d'action et frustré d'avoir eu si peu de temps pour agir, Bill démissionne.

Mais sa fibre sociale est loin d'avoir disparu. S'il ne retient qu'une leçon de ses expériences passées, c'est qu'il n'y a rien de plus puissant au monde qu'une bonne idée dans les mains d'un entrepreneur talentueux. Ce principe, il veut l'appliquer au monde associatif. Un entrepreneur avec une technologie innovante pour un marché porteur trouvera toujours une banque ou un capital risqueur pour financer son développement. Bill Drayton veut jouer ce rôle pour les entrepreneurs sociaux.

En 1980, il crée Ashoka, du nom d'un roi indien du IIIe siècle avant Jésus-Christ, dont les idées novatrices en matière sociale firent avancer le pays. Son organisation a pour objectif de sélectionner et soutenir le travail des entrepreneurs sociaux, conjuguant esprit d'entreprise et vocation sociale. Ces acteurs locaux, dynamiques et engagés tentent d'agir dans leurs pays pour durablement améliorer l'éducation, l'accès aux soins ou aux technologies, le respect des droits de l'Homme ou l'environnement. En Inde, premier pays où Ashoka opère, il a soutenu Jeroo Billimoria, une Indienne qui agit pour la réinsertion des enfants de rue. Elle a créé *Childline* le premier centre d'assistance téléphonique d'urgence pour les orphelins des rues, ouvert vingt-quatre heures sur vingt-quatre. Il est géré par les enfants eux-mêmes. En vingt ans, ce centre a déjà répondu à environ sept cent cinquante mille appels, dans plus de quarante-cinq villes du pays. Jeroo est désormais partenaire du gouvernement indien. Elle forme la police, les professionnels médicaux et les transporteurs publics aux problématiques spécifiques de cette population de jeunes abandonnés.

Ces hommes et femmes, dévoués à une cause, sont sélectionnés en fonction de la pertinence de leurs idées autant que sur leurs qualités d'entrepreneurs. S'ils sont sélectionnés, Ashoka s'engage à leur verser un salaire sur trois ans pour leur permettre de se consacrer à temps plein au développement de leur projet. De plus, Ashoka leur met à disposition des formations, des bourses de recherche, du coaching, des parrainages avec des experts juridiques ou des liens privilégiés avec les médias. Le cabinet en stratégie McKinsey est associé de longue date à Ashoka et fait bénéficier de l'expertise de ses consultants les entrepreneurs sociaux. Mais le principal intérêt, pour un entrepreneur social, est d'intégrer le réseau d'Ashoka qui compte désormais mille cinq cents membres dans cinquante-trois pays. Il permet aux différents entrepreneurs de communiquer avec d'autres membres travaillant sur des problématiques similaires en Asie, en Amérique latine, en Afrique ou en Europe de l'Est. « Faire dialoguer les entrepreneurs entre eux est sans doute le meilleur moyen pour transformer une innovation locale en solution globale », nous assure Bill.

Cinq ans après leur lancement, 98 % des entrepreneurs financés travaillent toujours sur leurs projets. Ce qui prouve que l'aide d'Ashoka est utile et que le réseau sait identifier des entrepreneurs talentueux. La philosophie consiste aussi à miser davantage sur les entrepreneurs que sur leurs projets. Ashoka verse des salaires aux personnes, et non aux projets. « Les idées sont conduites à évoluer face aux réalités du terrain. L'engagement et la conviction de nos entrepreneurs sont, par contre, inamovibles. » Pour ces militants d'un nouveau genre, Ashoka leur a surtout permis d'acquérir une reconnaissance. Trois entrepreneurs sur quatre sont ainsi parvenus à influencer ou faire modifier la politique de leur pays dans leur domaine d'action.

Bien qu'Ashoka soit financé par des donateurs privés et des fondations d'entreprises[1], Bill ne l'imagine pas comme « une fondation, ou une agence de financement de projets, mais un fonds d'investissement pour faciliter l'émergence d'entrepreneurs sociaux ». Son objectif ultime est désormais de développer une approche similaire au capital-risque, pour aider ces jeunes pousses à vocation sociale à prendre de l'envergure. Parmi les projets qui ont été soutenus par Ashoka, certains ont pris la forme de réelles entreprises qui n'hésitent pas à gagner de l'argent en proposant un service[2]. Il n'est pas absurde d'imaginer que ces entrepreneurs obtiennent un soutien financier d'un fonds d'un nouveau genre. Celui-ci se spécialiserait sur les marchés de changement social positif comme l'agriculture biologique, le commerce équitable, la fourniture d'énergie renouvelable ou le micro-crédit. Dans tous ces secteurs émergents, un revenu peut être généré et faire mentir l'idée reçue générale que les projets sociaux ne peuvent être rentables.

Il faut peu de temps à ses interlocuteurs pour se rendre compte que Bill est un être rare par ses visions et ses qualités humaines. Enseignant à Harvard et à Stanford, il vient de créer une spécialisation « Entreprenariat Social » à l'université de Washington. Dans sa vie quotidienne, l'homme suit les préceptes de Gandhi. Il n'a jamais été marié et son mode de vie demeure simple et dépourvu de richesses matérielles. À la fin de notre rencontre, il nous

---

1. Ashoka gérait en 2003 un budget de 20 millions d'euros.

2. Le réseau Ashoka nous a permis d'identifier de nombreux entrepreneurs présentés dans ce livre : Suraiya Haque, David Green, Rodrigo Baggio, Fabio Rosa, entre autres...

affirme qu'un entrepreneur social « ne se contentera pas de donner du poisson ou d'enseigner comment pêcher. Il n'aura de répit que lorsque l'industrie de la pêche sera révolutionnée ». À vous de jouer, Ashoka sera derrière vous[1] !

1. Ashoka est désormais présent en France depuis 2003. http://www.ashoka.org/global/aw_ce_france.cfm

William McDonough – *Charlottesville (États-Unis)*
Pionnier de l'architecture bioclimatique et de l'éco-design.

Architecte pour la Planète

Défi : *Provoquer la prochaine révolution industrielle, celle qui réconcilie économie et écologie, industrie et nature.*
Idée reçue : *« On ne peut pas tout avoir. »*
Solution durable : *Repenser les méthodes et les objectifs du design de produits et l'architecture des bâtiments en y appliquant les lois naturelles.*

On nous demande souvent comment nous sommes parvenus à identifier les initiatives de nos quatre-vingts personnalités. Et nous répondons généralement, avec un air sérieux, que c'est le fruit de nombreuses lectures, et d'une veille de tous les instants sur des sites Internet spécialisés. Nous devons aujourd'hui avouer que, pour certains d'entre eux, tout ne s'est pas passé comme ça. La première fois que nous entendons parler de William McDonough, ce n'est ni dans les livres ni sur Internet, mais sur les murs du métro parisien un an avant notre départ. Rassurez-vous, ce n'est pas la dernière star d'une comédie musicale, mais l'un des héros involontaires d'une exposition sur le thème de « l'utopie urbaine » à la station Luxembourg de Paris. Un article y présente William

McDonough et ses travaux, entre un projet de ville sous-marine et celui d'un Japonais souhaitant mettre Tokyo sous une cloche de verre... L'article décrit le combat de cet architecte designer qui s'inspire de la nature pour imaginer des bâtiments et dessiner des produits plus verts. Nous voilà donc, deux ans plus tard à Charlottesville en Virginie, prêts à en savoir davantage sur cet « utopiste » qui ignore tout de sa popularité auprès des usagers de la ligne B.

William McDonough sait se donner des airs de gourou. Ses costumes sombres, son art d'appuyer les répliques par de longs silences, ses formules choc et son regard bleu perçant ne peuvent laisser aucun doute. Nous sommes en présence d'un génie ou d'un charlatan...

Lorsque Bill rencontre pour la première fois un interlocuteur, il commence généralement par poser deux questions simples. « Quel est le monde que nous voulons créer ? Et quelle est notre stratégie pour y parvenir ? » Et avec un air faussement naïf, il s'interroge : « Si notre intention est de générer des millions de tonnes de déchets toxiques, de mesurer notre productivité au faible nombre de gens qui travaillent. D'assurer notre prospérité en détruisant un capital naturel perdu pour des générations ou d'altérer la diversité des espèces et des cultures à jamais. Alors notre stratégie est la bonne... » Mais s'il mérite d'être davantage écouté, ce n'est pas pour sa façon percutante de tirer la sonnette d'alarme. C'est plutôt pour sa capacité à trouver les issues de secours...

Né à Tokyo, Bill a vécu toute son enfance dans la métropole surpeuplée de Hong Kong. À l'époque, les pénuries d'eau n'autorisent que trois heures d'eau courante tous les quatre jours. Vivre dans un monde où les ressources sont limitées, il l'a découvert bien assez tôt. Cette enfance hyperurbaine est heureusement égayée par de fréquents séjours sur la côte ouest des États-Unis, dans la maison en pleine nature de ses grands-parents. Élève créatif et brillant, sa voie est vite trouvée. Il veut être architecte. Il obtient un diplôme à l'université de Yale, mais ne revient aux États-Unis que dix ans après. Pour ses premiers faits d'armes, il mène un projet de maisons pour nomades, commandées par le roi Hussein de Jordanie. Il dessine également, à la fin des années 1970, la première maison fonctionnant à l'énergie solaire en Irlande. De retour à New York, il ouvre son propre cabinet d'architecte, et se distingue par son approche originale des relations entre l'habitat et la nature. Il tire déjà des leçons des cultures asiatiques et bédouines.

Imaginez l'édifice le plus moderne possible. Mais imaginez, ensuite, un immeuble qui produit de l'oxygène, séquestre du carbone, distille de l'eau, fonctionne intégralement à l'énergie solaire, et fournit un habitat à plus de mille espèces d'oiseaux différentes. Un immeuble qui soit aussi capable de varier son apparence selon les saisons. Bill tente d'imaginer des immeubles qui ressemblent à des arbres. Dans tous ses travaux, il s'inspire des lois qui permettent à un arbre de pousser : n'utiliser que l'énergie du soleil, éliminer le concept de déchet et favoriser la diversité. Voilà pourquoi il n'est pas un architecte comme les autres.

Lorsque le directeur du College[1] d'Oberlin dans l'Ohio lui demande d'imaginer ses nouveaux locaux, il va enfin démontrer la pertinence de son approche. Après deux ans de travaux, l'édifice est reconnu comme une œuvre architecturale d'avant-garde et les milliers de jeunes qui y étudient l'apprécient grandement pour son confort. De larges baies vitrées, une orientation optimisée vers le soleil et un toit de panneaux solaires permettent à l'édifice d'avoir un bilan énergétique annuel positif. Le bâtiment produit plus d'énergie qu'il n'en consomme, une première

1. Les « Colleges » américains sont l'équivalent de nos universités.

mondiale[1] ! L'électricité n'est plus un coût, mais une ressource. Quant à la gestion des déchets du collège, Bill souhaite éliminer le concept même de « déchets ». « Dans la nature, explique-t-il, il n'y a pas de poubelle, tout ce qui est abandonné par une espèce vient en nourrir une autre. » Les eaux usées du College sont ainsi « nettoyées » en se laissant filtrer par des bacs de plantes. Des micro-organismes vont se nourrir, tout en purifiant l'eau. Le déchet est devenu une ressource. Il alimente les espaces verts du bâtiment !

Ce College n'est qu'un des nombreux exemples des approches radicales de ce créatif atypique. Ses intentions sont extrêmement ambitieuses. Il ne se contente pas de faire les choses « moins mal », il veut les faire « bien ». Une pollution moindre reste toujours une pollution. En revanche, transformer un déchet pour le rendre comestible par un autre organisme élimine radicalement le problème. Au lieu de polluer, on nourrit !

Autre exemple de ses travaux d'avant-garde, à un fabricant de moquette qui s'inquiète des réglementations imposées à son industrie, il propose ce pari insensé : « Et si vos moquettes devenaient biodégradables ? » Il passe de longs mois à rechercher les matériaux utilisables et à affronter les réticences de fournisseurs qui refusent de divulguer la composition de leurs colorants. Mais, après deux ans d'efforts, le pari est gagné. Designtex devient la première entreprise à avoir réussi le tour de force de vendre une moquette, dont les déchets peuvent être vendus aux paysans locaux pour enrichir leur terre. En moins de six mois, les restes de moquettes se sont totalement décomposés dans l'écosystème local. Et lorsque les autorités sont venues mesurer les eaux usées de l'usine, elles étaient si propres, qu'elles ont d'abord pensé que l'appareil de mesure était cassé... Pour parachever le succès technolo-

1. Pour un bâtiment commercial, en 1999.

gique, la composition de cette moquette a été divulguée à l'ensemble des concurrents du secteur. Pour que l'industrie tout entière puisse s'en servir.

Associé au chimiste allemand Michael Braungart, ancien activiste de Greenpeace, Bill est dorénavant écouté par les plus grands industriels. Pour eux, il imagine des bâtiments et des produits qui seraient reconnectés positivement à l'environnement. Nike a, par exemple, adopté un nouveau type de latex, après avoir découvert que la semelle de ses chaussures libérait des toxines. Désormais, grâce aux travaux initiés par le cabinet de design de Bill et Michael, les chaussures ne laissent derrière les traces des joggeurs que des particules qui viennent nourrir les micro-organismes des sols. Autre exemple, Herman Miller, une société de mobilier de bureaux, lui a confié la construction de sa nouvelle usine. Le projet a donné naissance à un bâtiment, baptisé « la serre », où aucun employé n'est privé de lumière du jour. Le surcoût de construction, pour installer de larges fenêtres et investir dans une efficacité énergétique optimale a été remboursé dès la première année par les économies d'énergie. Mais le principal avantage économique est celui de la productivité des employés. « Avec le même nombre d'employés nous sommes parvenus à produire deux fois plus. Tous les trois mois, le bâtiment est intégralement remboursé ! » affirment aujourd'hui les dirigeants de la société.

De même, lorsque l'héritier du groupe Ford fait appel aux services de l'architecte pour repenser l'usine de River Rouge, tout le complexe industriel est mis à plat. Symbole du renouveau de l'emblématique usine, un toit de dix hectares de verdure y a été construit pour permettre aux oiseaux de la région de repeupler les lieux. Pour autant, ce toit n'a rien d'une anecdote « verte » qui agrémenterait des plaquettes de communication. Il permet d'isoler l'usine, de filtrer les émissions de gaz, et de rediriger l'eau de pluie vers la rivière sans la polluer. Ford y a économisé trente millions de dollars... Une économie suffisante pour assurer à Bill une oreille plus attentive de nombreux industriels. Et lorsqu'on lui demande comment il ose travailler avec ces acteurs d'industries tant décriés par les écologistes radicaux, il répond simplement : « Comment pourrais-je travailler sans eux ? »...

Lorsque des produits ou des usines sont imaginés avec un impact écologique positif, le débat sur la croissance perd tout son sens. La « révolution industrielle » que Bill propose n'est pas celle du moindre impact, mais celle du bon impact. Dans un monde où les produits sont soit intégralement recyclés soit entièrement et sainement biodégradés, l'abondance ne pose aucun problème en soi. Elle est même recommandable ! Qui souhaiterait laisser à ses arrière-petits-enfants ne serait-ce qu'un kilo de dioxine ou de métaux lourds ? En revanche, dans un monde où les voitures seraient propulsées au solaire, où leurs composants seraient intégralement recyclés en fin de vie et où les pneus se dégraderaient sur la route sans risque, pourquoi s'empêcher de rouler autant qu'on le souhaite ?

Le discours de William McDonough dérange car il invite tous les adversaires à la même table, pour imaginer un monde où l'on combinerait les produits et services de l'industrie, tout en s'inspirant des principes naturels défendus par l'écologie. Utopiste ? Bill l'est assurément. Mais comme le disait Oscar Wilde, « il est important d'avoir des rêves assez grands pour ne pas les perdre de vue lorsqu'on les poursuit ».

D'autres exemples dans le domaine de la construction « durable » :

En France, **Dominique Bidou** est à l'origine de l'association HQE, pour la Haute Qualité Environnementale, et tente de promouvoir la démarche auprès du secteur de la construction. En 2003, plus de cinq cents bâtiments s'étaient déjà engagés à respecter des critères sévères, mais avec des coûts de construction similaires aux bâtiments traditionnels. Les coûts d'utilisation des bâtiments et les consommations d'eau et d'électricité, en revanche, étaient largement inférieurs. Sachant que le chauffage représente un quart de notre consommation électrique nationale, on imagine aisément l'impact écologique d'une telle démarche appliquée à grande échelle.

La construction durable passe aussi par une utilisation efficace des ressources en eau. Au Japon, **Makoto Murase**, un ingénieur surnommé Dr Rainwater, est devenu le fer de lance d'une technique de récupération des eaux de pluie. Grâce à son action, ce sont plus de mille immeubles qui ont installé des citernes de récupération d'eaux de pluie sur leurs toits afin d'alimenter leurs toilettes et leurs réservoirs de secours en cas d'incendie. Tous ces systèmes permettent aux immeubles de faire de substantielles économies. Les investissements ont tous été rentabilisés en moins de cinq ans et les usagers gagnent désormais plusieurs centaines de milliers de yen chaque année sur leur factures. Aujourd'hui, l'expertise de cet inventeur enthousiaste intéresse autant les mégalopoles développées que les campagnes rurales. Il a, par exemple, eu l'occasion de démontrer l'intérêt de récupérer l'eau de pluie dans les provinces rurales de l'Inde où les moussons ne laissent que trop peu de temps aux terres pour s'abreuver.

Pour le traitement écologique des déchets, **Thierry Jacquet**, un entrepreneur français conseille de faire davantage de jardins publics... Au lieu de persévérer dans l'absurdité des techniques d'incinération qui transforment une pollution concentrée solide en une pollution gazeuse et diffuse, l'entreprise compte sur l'action des plantes... Les jardins filtrants que propose le cabinet de cet éco-urbaniste permettent de traiter les eaux usées, mais aussi les déchets organiques (boues) et même l'air pollué des égouts par les plantes et les micro-organismes. En France, par exemple, un jardin public de roseaux nettoie et neutralise l'intégralité des eaux usées de la municipalité d'Honfleur. Et les trente mille habitants de la ville peuvent sans souci laisser jouer leurs enfants sur la zone d'épuration, c'est un jardin ! Les boues solides des déchets ménagers sont en quelques mois redevenues une terre vivante et fertile qui peut aisément servir à un agriculteur pour améliorer ses rendements. Si la France tarde à adopter les idées de Thierry Jacquet, ce n'est pas le cas de la Chine, où il vient d'installer un système dans la ville de Shanghai. Les mentalités y évoluent sans doute plus vite...

Gary Hirshberg – *Londonderry (États-Unis)*
Fondateur de Stonyfield,
pionnier américain de l'alimentation biologique.

La révolution du bio

Défi : *Proposer une alimentation saine aux consommateurs américains.*
Idée reçue : *« Il n'y a que les héritiers des quakers et des mormons pour privilégier la santé au plaisir. »*
Solution durable : *Prouver que le bio est meilleur dans tous les sens du terme.*

Quelques semaines avant d'arriver sur la côte est des États-Unis, nous prenons contact avec Gary Hirshberg, un entrepreneur du New Hampshire, un État proche de la frontière canadienne. Mais nous apprenons qu'à la date prévue de notre passage il sera en vacances. Après une brève concertation, nous décidons de faire un détour de plus de huit cents kilomètres pour pouvoir le rencontrer malgré tout, avant son départ. Nous ne le regretterons pas. Dans cette région somptueuse où les forêts et les lacs s'étendent à perte de vue, nous passons quatre heures dans les bureaux d'une société atypique, dont le patron charismatique est un authentique humaniste. Pour preuve, nous nous retrouvons le soir même invités chez lui. Nous rencontrons sa femme et ses trois enfants, en train de boucler leurs valises. En effet, le lendemain ils partent tous en vacances à cinq heures du matin. Gary nous a proposé de nous héberger la veille d'un départ en vacances et nous demande simplement de claquer la porte en partant... Si nous nous sommes passionnés pour son modèle d'entreprise responsable, nous avons aussi été séduits par l'homme, sa vision et son accueil spontané et chaleureux.

« Croyez en vous, soyez volontaires et ne baissez jamais les bras, vous atteindrez vos objectifs. » Cette phrase, que l'on imagine aisément prononcée par le dernier gourou de la motivation à la mode, n'a pas le même sens quand elle sort de la bouche de Gary. Stonyfield Farm, l'entreprise qu'il a fondée, est une exceptionnelle « success story » du secteur de l'alimentation aux États-Unis, mais a bien failli ne jamais voir le bout du tunnel. La vie de Gary Hirshberg est la formidable histoire d'un entrepreneur engagé et visionnaire dont la volonté a tout emporté.

Jeune skieur de haut niveau, Gary prend conscience des problèmes environnementaux lors de son adolescence. Du sommet du mont Washington, l'un des points culminants du New Hampshire, il ne parvient plus à apercevoir l'océan Atlantique à cause des nuages de pollution. Il décide alors de se lancer dans des études en environnement et commence une carrière de guide naturaliste. Un peu par hasard, il rejoint ensuite la jeune équipe d'un centre de formation à l'agriculture biologique fondé par Samuel Kaymen, un de ses amis. La santé financière de ce centre, qui tente de populariser l'agriculture biologique auprès des populations locales, est en piteux état. Sans financements nouveaux, il sera bientôt contraint de fermer. Un ultime soir de réunion, alors que toute l'équipe est attablée et déguste les délicieux yoghourts « maison » de Samuel, tout le monde se creuse les méninges pour trouver une solution à cette impasse. « C'était véritablement la meilleure recette de yoghourt que j'avais jamais goûtée. Soudainement, l'un de nous a émis l'idée de les vendre... Samuel faisait aussi de merveilleux bretzels et de la bière, mais je ne sais pas pourquoi, nous avons choisi le yoghourt. »

Avec un prêt de 35 000 dollars alloué par des sœurs catholiques, Gary et Samuel achètent leur tout premier équipement. Avec « deux familles, sept vaches et une recette délicieuse », Stonyfield voit le jour en 1983. Dès le départ, les deux entrepreneurs ne se contentent pas de vendre un produit délicieux. Ils veulent être un modèle d'entreprise responsable en n'utilisant que des ingrédients issus de l'agriculture biologique. Leur objectif est de préserver l'environnement, mais aussi la santé de leurs consommateurs. Car les produits chimiques utilisés par l'agriculture peuvent se retrouver dans les aliments et s'accumuler dans nos organismes, dans des quantités plutôt effrayantes. Une étude récente menée à Seattle sur des enfants en classe de maternelle a retrouvé, selon Gary, six fois plus de résidus pesticides dans les urines du groupe soumis à un régime conventionnel, que dans ceux soumis à un régime biologique. « Sans être des écolos convaincus, on se doit d'admettre que de telles quantités sont nocives pour le corps humain... »

Mais une foi militante ne fait pas de miracles. Les premières années sont difficiles. Le prix du lait bio reste structurellement élevé. Les aliments biologiques que l'on donne aux vaches, certifiés sans pesticides ni engrais chimiques, sont encore rares et très chers. De mauvais choix stratégiques sont faits et certains investisseurs se révèlent peu fiables. Stonyfield finit tous les ans dans le rouge et Gary est obligé de parcourir la Nouvelle-Angleterre à la recherche de nouveaux actionnaires. Les yoghourts sont pourtant plébiscités par les consommateurs et la marque gagne en notoriété, mais rien n'y fait. À la fin de 1987, Gary doit plus d'argent à ses fournisseurs que son chiffre d'affaires sur les douze derniers mois ! Il travaille la journée sur les problèmes de gestion, la nuit comme chef de production. Son mariage vacille et il ne profite pas de la naissance de son premier enfant. Cependant, alors qu'il manque une bonne demi-douzaine de fois de mettre la clé sous la porte, il demeure obstinément convaincu que son modèle va fonctionner.

Sa détermination et son courage finissent par payer. Fin 1991, pour la première fois depuis huit ans, Stonyfield réalise un bénéfice. Dorénavant, il peut investir pour grandir. Avec un marketing innovant et décalé, il lance des produits aux noms originaux comme « Moo-La-La » ou « Yo-Baby » et décuple ses ventes. Il approvisionne non seulement les enseignes bio, mais aussi des mastodontes classiques de la distribution, tels que Wal-Mart ou K-Mart. Aujourd'hui, la croissance de Stonyfield est exceptionnelle pour le secteur, avoisinant les 25 % chaque année. L'entreprise est désormais le quatrième fabricant de yoghourts aux États-Unis et, de loin, la première marque bio du pays. En 2004 le chiffre d'affaires atteint plus de 180 millions de dollars, et l'entreprise compte deux cent cinquante salariés.

Reconnu pour son engagement environnemental, il a été maintes fois récompensé par des prix nationaux et internationaux. Son usine est la première du pays à avoir été certifiée « zéro émission ». Il a réduit sa consommation énergétique au minimum et n'émet que très peu de gaz à effet de serre. Pour être qualifié de « neutre sur le climat », il compense ces émissions en plantant des arbres dans la région. Plus de 75 % de ses déchets solides sont recyclés et 10 % de ses bénéfices sont reversés à des associations protectrices de l'environnement. Mais ce dont il est le plus fier est d'avoir dépassé la mission initiale du centre d'éducation. Gary nous confie : « Nous avons réussi à convertir quatre-vingts fermes traditionnelles de la région à l'agriculture bio. » Stonyfield propose une prime aux agriculteurs qui n'utilisent ni hormone de croissance, ni produits chimiques pour augmenter leurs rendements. Ceux qui ont changé de méthode et cru en Gary sont désormais très heureux et satisfaits de participer à l'aventure de la marque. Un certain nombre d'entre eux sont aussi actionnaires, du temps où Gary ne pouvait payer ses fournisseurs qu'en action de Stonyfield...

Il y a cinq ans, fort de ces succès, Stonyfield commence à présenter un intérêt financier pour de plus grands groupes. La multinationale Danone se dit intéressée à racheter cette pépite. C'est une période d'intenses doutes pendant laquelle Gary hésite entre rester indépendant et trouver une solution intéressante de rémunération pour ses trois cents actionnaires, dont de nombreux amis qui l'avaient aidé dans les moments difficiles. « C'était comme vendre mon propre bébé. » Après plus de vingt mois de négociations, la direction de Danone parvient à le convaincre. Il restera à la tête de la société et Stonyfield devient le laboratoire social et environnemental du groupe. « Soit on restait sur une niche, soit on essayait de faire bouger tout le secteur vers plus de responsabilité sociale et écologique. J'ai pensé que c'était le meilleur moyen de démultiplier notre modèle. » Franck Riboud, le P-DG de Danone, interrogé par un journaliste du *Wall Street Journal* sur les performances financières de Stonyfield, répliqua : « Je crois que vous n'y êtes pas. Stonyfield, c'est beaucoup plus qu'un bilan ou un compte de résultat. C'est une éthique. Et c'est cette éthique que Danone va devoir adopter si nous voulons continuer à être un leader sur notre marché. » Pour l'entreprise française, le petit Stonyfield est l'exemple de ce que Danone sera dans vingt ans.

L'alimentation « bio » est un secteur qui a triplé en trois ans et représente déjà 13 milliards de dollars aux États-Unis. À cinquante ans tout juste, Gary se lance depuis peu dans une nouvelle aventure, le « fast-food bio ». Révolté d'être pris en otage entre McDonald's et Pizza Hut lorsqu'il voyage avec ses enfants, il a créé O'Naturals en 2002, le premier restaurant rapide d'alimentation bio. Gary y a investi 2 millions de dollars pour monter cinq premiers restaurants proposant des menus biologiques de l'entrée au dessert. Dans un cadre « nature », on peut y déguster pour 5 à 8 dollars du poulet et du bœuf certifié sans hormones, du pain biologique, des frites grillées sans huile, du vin et même des sodas bio. Alors que Ralph Nader, le candidat vert à l'élection présidentielle de 2004, déclare que le double cheeseburguer « est une arme de destruction massive » et que deux tiers des Américains sont obèses, Gary tente pragmatiquement de grignoter des parts de marché aux mastodontes du secteur ! Chacun de ses restaurants réalise déjà un chiffre d'affaires dépassant un million de dollars par an, ce qui est une performance supérieure à la moyenne des restaurants McDonald's. Plus de 250 000 menus ont été servis depuis la création de la marque. Toujours aussi ambitieux, l'objectif de Gary est simplement d'ouvrir une centaine de restaurants dans les dix ans qui viennent !

Passer quelques heures avec Gary Hirshberg est comme déguster une glace en pleine canicule, c'est plutôt rafraîchissant ! Toujours marié à Meg et heureux père de trois enfants élevés au yoghourt Stonyfield, Gary prend désormais le temps de vivre, mais a tout de même pris la présidence du club de football de ses enfants, pour s'occuper... Débordant d'énergie, il prouve que, s'il est important de faire prendre conscience des dangers de l'alimentation actuelle, il est aussi primordial de se donner les moyens d'inventer des alternatives crédibles. Au lieu de se morfondre dans la vision d'un avenir noir, il se bat pour essayer de construire celui dont il rêve pour ses bambins.

Oliver Peoples – *Cambridge (États-Unis)*
Fondateur de Metabolix, une start-up de biotechnologie.

Le bioplastique, c'est fantastique !

Défi : *Transformer l'industrie plastique en une industrie plus « verte ».*
Idée reçue : *« Des plastiques non polluants, c'est chimiquement impossible. »*
Solution durable : *Il se pourrait bien que l'avenir du plastique soit bactériologique... et que cela ait aussi des vertus économiques !*

Lorsque l'on se met en tête d'identifier des entrepreneurs dans la région de Boston, il faut se préparer à entendre parler de technologie. La route 128 est, avec la Silicon Valley, le cœur de la recherche mondiale en biotechnologie. Et la région s'érige en nouvel eldorado pour les investisseurs en manque de sensations fortes. Parmi ces technologies « bio », certaines sont de réels sujets d'angoisse pour leurs implications éthiques. On pense notamment à la manipulation génétique dans l'alimentation. Pour autant, d'autres méritent un coup d'éclairage car elles permettent de résoudre certains problèmes écologiques. Imaginez, par exemple, une technologie capable de réconcilier les géants de la pétrochimie avec ses opposants écologistes les plus radicaux. Oliver Peoples a fait le pari insensé que la technologie, sur laquelle il travaille depuis vingt ans, est en mesure de mettre ces deux mondes d'accord...

L'objet de toutes les attentions de ce chercheur écossais est le plastique. Personne ne niera que son utilisation prête à polémique. Les militants verts le considèrent comme un grave problème. Pour le produire, on émet des quantités considérables de gaz à effet de serre. Et, lorsqu'il n'est pas recyclé, ses déchets viennent polluer les sols et les fonds marins pour des centaines d'années, mettant en danger une large partie de la faune et, par conséquent, notre santé. Le produit est, en outre, fabriqué à partir d'une matière non renouvelable, le pétrole. Il faut admettre que les griefs des militants écologistes qui, depuis trente ans, dénoncent le plastique sont tout à fait recevables.

Mais en tant que consommateur, il faut aussi reconnaître que la matière plastique est utile pour son hygiène, sa légèreté et ses multiples applications. On a beau comprendre que la planète en souffre, il est difficile d'imaginer devoir se passer du jour au lendemain d'une matière présente dans les emballages de nos aliments, dans les tissus de nos vêtements ou dans les jouets de nos enfants. Plus de cent cinquante millions de tonnes de matières plastiques sont produites chaque année. Le chiffre peut effrayer, mais si ces tonnes sont fabriquées, c'est qu'elles sont utilisées. Voici l'histoire de celui qui, en réinventant la manière de fabriquer le plastique, est susceptible de créer, au sein de l'industrie pétrochimique mondiale, une vraie « révolution verte ».

Oliver Peoples a toujours fait partie de cette catégorie d'étudiant qui dégoûte les autres par ses facilités. Originaire de la région minière d'Aberdeen en Écosse, sa passion d'enfant n'est ni le football, ni le rugby, mais la science, en particulier la biochimie. Un diplôme d'ingénieur en poche, les aptitudes exceptionnelles de ce jeune professeur sont vite remarquées. Il obtient un billet pour Boston, afin de rejoindre les plus brillants chercheurs mondiaux au sein du prestigieux Massachusetts Institute of Technology. Formé en génétique et en biologie moléculaire, le MIT lui permet de se consacrer à un seul objectif : modifier génétiquement une enzyme pour qu'elle produise du polyhydroxyalkanoate. Cette matière est une sorte de polymère, élément constitutif de tout plastique. Autant d'efforts pour voir une enzyme accoucher du plastique, ça peut sembler obsessionnel aux néophytes que nous sommes. Mais la découverte est en mesure de révolutionner la chimie mondiale.

« Pour les chimistes traditionnels, la nature est désordonnée ! » affirme Oliver. Et ce préjugé explique, selon lui, la lenteur de la recherche à s'intéresser aux procédés de « bio-fabrication ». Ceux-ci, que beaucoup ont longtemps considérés comme des chimères, reposent sur la collaboration de l'homme avec les microbes. Au lieu de s'obstiner à copier les bactéries, on va simplement leur demander de faire le travail pour nous. La nature est peut-être désordonnée, mais elle sait être efficace. Lorsque Oliver Peoples nous explique le procédé, tout paraît pourtant étonnamment simple. Il suffit de nourrir une bactérie « miracle » avec un sirop de maïs riche en sucre et celle-ci produit, spontanément, du plastique. La bactérie en question, répondant au nom d'e.coli, n'a dans sa vie trépidante qu'un seul objectif : se dupliquer. Et toute la matière qu'elle n'utilise pas pour accoucher de congénères, elle la rejette sous la forme de plastique. Les vingt années de recherche d'Oliver ont donc consisté à lui faire faire moins de petites sœurs et plus de polymères. Lorsque Oliver est parvenu à en créer une qui utilise 83 % du sucre fourni pour produire du plastique, il a compris que sa découverte allait tôt ou tard intéresser l'industrie.

Comme c'est souvent le cas dans la recherche américaine, Oliver quitte le MIT pour créer une start-up. Il peut ainsi exploiter la technologie commercialement, en payant une licence au laboratoire de recherches pour utiliser les brevets. Le MIT est aussi présent au capital de la jeune pousse. Si la technologie fait ses preuves, l'entrepreneur, l'inventeur et le laboratoire en récolteront les fruits. Metabolix est créée en 1992, avec comme ambitieuse mission de prouver au monde que l'avenir du plastique est bactériologique.

Douze ans plus tard, les travaux des chercheurs de la société ont permis de rendre tangibles toutes ces applications. L'entreprise sait désormais comment produire en laboratoire plus de la moitié des types courants de plastiques à partir de sirop de sucre de maïs. Les qualités de résistance, d'élasticité et d'ergonomie du « bioplastique » sont équivalentes à celles des produits dérivés de pétrole. Mais c'est le bilan environnemental qui fait toute la différence. Entièrement biodégradable, le plastique met moins d'un mois à être assimilé par un champ ou une rivière. Le fait d'être fabriqué à partir de maïs et non plus de pétrole le rend parfaitement assimilable par l'environnement naturel. Autre avantage écologique d'importance, sa production est extrêmement économe en énergie. Les enzymes sont capables de produire du plastique à température ambiante, et à basse pression, contrairement aux techniques de la pétrochimie traditionnelle. D'autre part, la matière végétale qui nourrit ces bactéries a poussé en absorbant du gaz carbonique, principale cause du dérèglement climatique. Comme l'énergie utilisée tout au long de la production provient exclusivement du soleil, on peut considérer ce plastique comme parfaitement bénin pour la planète. Et pour les consommateurs, il est aussi pratique que les plastiques usuels. On peut imaginer l'utiliser pour emballer des aliments mais aussi pour fabriquer des vêtements, des sacs ou de confortables moquettes.

Les dirigeants de Métabolix démontrent surtout que la fabrication de bioplastique a, aujourd'hui, un sens économique. « Ce que les plantes savent faire mieux que personne, c'est emmagasiner du carbone, et elles le font gratuitement... », s'amuse le P-DG de Metabolix. Au lieu de transformer du pétrole, on laisse la photosynthèse opérer. Les économies sont évidentes. Elles expliquent sans doute pourquoi tous les géants actuels de l'industrie tels que Dow, Cargill ou Dupont de Nemours se pressent pour être présents sur ce nouveau créneau. Aujourd'hui, plusieurs usines prouvent d'ores et déjà la viabilité économique de la nouvelle matière et engrangent les premiers succès commerciaux. Metabolix a déjà convaincu ses premiers clients. Parmi eux, le ministère de la Défense qui compte l'utiliser pour les couverts de toutes les rations distribuées aux soldats américains.

Pour le monde de l'industrie plastique, la fin du pétrole et les contraintes écologiques annoncent l'avènement des biomatériaux. Le P-DG de Dupont de Nemours a même déclaré qu'à l'horizon 2010 un quart des produits de son entreprise seront issus de matières premières renouvelables.

L'entreprise, en ayant déposé plus de cent trente brevets, est, elle aussi, en passe de jouer un rôle majeur sur ce marché d'avenir. Metabolix vient de s'associer à un groupe agro-industriel pour financer la construction d'une usine. Après douze ans d'efforts, cette première application à grande échelle du savoir-faire de la jeune pousse promet de produire chaque année plus de cinquante mille tonnes de plastiques naturels. Si de telles quantités restent anecdotiques pour le marché actuel, Oliver Peoples nous confie « qu'il suffirait de cultiver l'ensemble des terres agricoles laissées en jachère sur le territoire américain pour produire l'intégralité du plastique consommé chaque année aux États-Unis ». Le changement est donc à portée de main.

Bien entendu, les promesses de cette nouvelle technologie ne nous dispensent aucunement de repenser nos modes de consommation en évitant les gaspillages. Mais cette entreprise prouve par l'exemple que l'innovation technologique peut représenter une opportunité de vie plus harmonieuse de l'homme sur sa planète. Entre « techno-vengélistes » et « technophobes », il est plus que jamais nécessaire de ne pas s'enfermer dans des positions radicales et d'observer une à une les solutions que la recherche propose. Si tout ne doit pas être accepté sans rien dire, tout n'est pas non plus à rejeter par principe. Et seul l'avenir dira si, pour résoudre l'un des dilemmes les plus inextricables de notre époque, il suffisait de faire appel à un microbe.

Amy Domini – *Boston (États-Unis)*
Fondatrice du Domini Social Index,
premier index boursier éthique.

La femme qui murmurait « éthique » à l'oreille des patrons de Wall Street

Défi : *Permettre aux mesures sociales et environnementales prises par les multinationales de devenir des critères de choix pour les investisseurs et actionnaires.*
Idée reçue : *« Ces mesures rongent les marges. Elles sont donc forcément contraires aux intérêts des financiers qui ne recherchent que le profit. »*
Solution durable : *Prouver qu'un index boursier et qu'un fond d'investissement éthiques peuvent faire recette...*

Nous venons de passer les quinze derniers jours dans le Grand Nord canadien. Au programme : balades en raquettes en forêt, visite de la ville de Québec, patin à glace sur les bords du mythique Saint-Laurent, galettes au sirop d'érable et « boîtes à chansons [1] » animées dans les rues de Montréal. Nous avons découvert ce paradis blanc grâce à un ami de Sylvain, expatrié dans la capitale qué-

1. Boîtes à chansons : sorte de bars où viennent se produire des groupes ou des humoristes québécois.

bécoise et nous avons beaucoup de mal à le quitter. Dernière ligne droite de notre périple en Amérique du Nord, nous devons rejoindre la pointe sud de la Floride, distante de 2 500 kilomètres. Mais auparavant, nous faisons une halte dans le centre-ville de Boston, plus précisément en plein cœur de son quartier financier. Nous venons y rencontrer Amy Domini, la pionnière reconnue de l'investissement socialement responsable. Dans un cadre digne des grands cabinets d'avocats décrits dans les films hollywoodiens, Amy commence l'entrevue en nous bombardant de dizaines de questions sur notre périple. Comme elle est passionnée par notre aventure et les personnalités que nous rencontrons, nous passons une bonne partie de la matinée à parler de nous. Ravis de partager notre expérience, nous finissons tant bien que mal par la faire parler d'elle et de son initiative. Et nous ne sommes pas déçus. Ce que ce petit bout de femme énergique est parvenu à faire mérite d'être entendu !

Amy ne s'est pas engagée dans un défi des plus simples. Elle tente simplement, depuis plus de vingt ans, de prouver au monde de la finance que l'investissement socialement responsable n'est pas une hérésie de beatnik attardé. Malgré de nombreuses difficultés et les railleries de collègues aux dents longues, elle montre que la prise en compte de critères sociaux et environnementaux dans les investissements ne tient pas du « blanchiment » de conscience. À Wall Street, ce qui compte le plus, c'est le profit. Bonne nouvelle, elle prouve qu'on peut changer le monde tout en gagnant de l'argent !

Enfant d'une famille catholique traditionnelle du Massachusetts, Amy suit des études de statistiques à l'université de Boston. Lorsqu'en 1980 elle devient courtier en bourse elle est la seule femme perdue au beau milieu de plus de huit cents hommes. En effet, elle est entrée comme simple secrétaire dans ce cabinet quelques années plus tôt. Dorénavant elle va pouvoir prouver qu'elle peut faire ce métier d'homme, mais avec sa sensibilité de femme. Et, cela n'étonnera que les plus machos d'entre nous, elle commence à entendre de ses clients ce que personne n'avait encore entendu... Une demande d'éthique dans les choix d'investissements.

Une cliente passionnée d'ornithologie lui demande expressément de ne pas investir dans une entreprise papetière. La fabrication du papier requiert de vastes quantités de défoliants chimiques, qui ravagent l'habitat d'espèces entières d'oiseaux rares. Plusieurs autres tiennent régulièrement à s'assurer que leur argent ne va financer ni le secteur du tabac ni celui de l'armement. L'idée commence alors à germer de faire de la finance autrement. Une finance qui prendrait en compte, hérésie pour l'époque, des critères non financiers, ceux de la conscience...

En 1984, elle écrit « l'investissement éthique[1] », le premier livre sur le sujet. Il a le mérite de rassembler autour d'elle la communauté naissante de personnes rêvant d'utiliser le pouvoir de la finance pour influencer les entreprises et leur impact sur la société. Mais, pour la plupart des analystes, un patron qui s'intéresse à l'environnement ou à l'aspect social de son activité ne peut qu'augmenter ses coûts, et donc perdre de l'argent. Mauvais placement ! Amy veut par tous les moyens démontrer le contraire.

En 1989, elle crée avec ses deux associés Peter Kinder et Steve Lydenberg lc premier index « socialement responsable ». Comme le CAC 40, le Domini Social Index regroupe quatre cents multinationales américaines, sélectionnées sur l'éthique de leur comportement. Corollaire de l'index, elle crée l'année suivante un fonds d'investissement chargé de faire fructifier l'épargne de ses clients, mais en misant uniquement sur les sociétés les plus responsables. Enfin, elle crée un institut de recherche[2]

1. Ed. Dearborn Trade, 2001 (en Anglais).
2. KLD Investments.

capable de compiler et d'évaluer les informations nécessaires sur le comportement des entreprises « hors bilan ». Sont automatiquement exclues toutes les entreprises des secteurs du tabac, de l'armement, de la pornographie, de l'alcool, du jeu et du nucléaire. Celles qui sont sélectionnées sont reconnues pour la façon dont elles traitent leurs salariés, l'environnement, les communautés riveraines et leurs fournisseurs. Amy nous confie : « J'étais bien incapable de dire si mon idée allait marcher ou non. Personne auparavant n'avait jugé les entreprises sur autre chose que des données purement financières. Mais, au fond de moi, j'y croyais dur comme fer. »

En 1993, le fonds gère 10 millions de dollars. Trois années plus tard, il atteint les 100 millions en portefeuille et, en 1999, le fonds d'Amy gère un milliard de dollars. La raison de ce succès est simple. L'index a toujours eu, depuis sa création, de meilleures performances que le marché ! Pour 100 dollars investis en 1990 dans les compagnies du Standard & Poor's 500 [1], regroupant les cinq cents plus grands groupes américains, les investisseurs ont en moyenne récupéré 340 dollars. Ceux qui ont misé sur les entreprises de l'index Domini en récupèrent presque 10 % de plus ! Quand on connaît la concurrence acharnée que se livrent les fonds d'investissements, ces chiffres sont réellement très positifs ! Pour Amy, le pari est gagné ! Les fonds qu'elle gère en propre restent une goutte d'eau en comparaison des 7 000 milliards de dollars gérés par l'ensemble des fonds de pension américains. Mais avec 1,8 milliard de dollars d'actif, elle a connu la quinzième croissance la plus rapide du marché en 2003. Elle a surtout obligé les entreprises américaines à rendre des comptes !

Aujourd'hui, le fonds est un véritable cheval de Troie qui s'invite à la table des investisseurs de grands groupes pour poser les questions qui dérangent. Son action permet

1. Un des index de référence de la bourse de Wall Street.

souvent un dialogue entre les entreprises où elle investit et les ONG locales ou internationales. Les questions posées traitent d'environnement, d'ateliers de fabrication clandestins ou de discrimination raciale. Par exemple, Amy est en passe de faire accepter à Procter & Gamble, l'un des plus importants acheteurs de café au monde, de tenter l'aventure du commerce équitable. C'est un travail difficile, d'autant que les activistes les plus radicaux ont souvent stigmatisé son action comme un acte de pure communication hypocrite. Si Amy se retrouve souvent prise entre les feux croisés des militants et des dirigeants, l'accusant réciproquement de compromission, elle sait que son action permet de faire avancer les choses.

Malgré les critiques, elle reste persuadée que la meilleure façon de faire évoluer les grandes multinationales est de rester présente dans leur actionnariat, pour maintenir la possibilité d'un dialogue. « On ne change jamais grand-chose sans convaincre de l'intérêt de changer, et pour les multinationales, cet intérêt reste aujourd'hui financier. » Mais, selon elle, toutes les entreprises mettront un jour les critères environnementaux et sociaux à la hauteur des critères financiers. Elles y seront poussées par la volonté de mieux gérer les risques, d'attirer les meilleurs employés, d'améliorer leur image ou plus cyniquement d'éviter les procès...

Dans l'univers des plus puissantes multinationales, dont les P-DG changent en moyenne tous les dix-huit mois, il est rassurant de voir que le mouvement pour une finance responsable prend de l'ampleur. Finalement, si elle réussit à faire évoluer le comportement des grands groupes avec lenteur, c'est assurément dans la bonne direction. « La seule chose que j'ai prouvée c'est qu'il n'est plus nécessaire de choisir entre ses principes et ses investissements. » Mais Amy Domini en convient avec nous : « Il reste tant à faire ! »

Un autre exemple dans le domaine de l'investissement socialement responsable :

Geneviève Ferone est en France la pionnière incontestée du secteur. En 1997, elle a créé Arese, la première agence française de notation sociale et environnementale. Contrairement à l'approche américaine incarnée par Amy Domini, l'approche européenne de la notation extrafinancière n'exclut pas de secteurs d'investissements. Elle s'attache plutôt à identifier les meilleurs acteurs de chaque secteur, en fonction de leurs pratiques. Geneviève Ferone a finalement quitté Arese pour fonder Coreratings, une nouvelle agence qui a rejoint le groupe BMJ en 2004.

Ray Anderson – *Atlanta (États-Unis)*
Fondateur d'Interface, leader mondial des moquettes de bureaux.

Le PDG qui s'était converti...

Défi : *Permettre à une multinationale pétrochimique de devenir pionnière en matière du développement durable.*
Idée reçue : *« La pétrochimie est obligatoirement un secteur polluant. »*
Solution durable : *Réduire considérablement ses consommations d'énergies et de matière, limiter sa production de déchets tout en doublant son chiffre d'affaires en moins de dix ans.*

L'histoire de Ray Anderson et de sa société Interface, leader mondial de la fabrication de moquette de bureaux, est sans conteste l'exemple le plus cité par ceux qui souhaitent démontrer que le développement durable doit intéresser l'industrie. À tel point que nous nous sommes demandé, un temps, si l'histoire archiconnue de cette multinationale pouvait présenter un intérêt pour les lecteurs informés que vous êtes... Mais il faut rendre à César ce qui lui appartient. Si l'exemple est célèbre, ce n'est pas sans raison. Et d'ailleurs, sans Interface, notre projet n'aurait peut-être jamais pris forme... Je ne vous le fais pas lire, quelle perte pour l'humanité !

C'est en effet, au cours d'un stage aux États-Unis en 1999, que Mathieu entend pour la première fois parler de développement durable. Et l'idée est évoquée au sujet d'Interface, une entreprise basée à Atlanta. Son fondateur charismatique a décidé de transformer cette multinationale en un modèle écologique pour le XXIe siècle. Nous aurions certainement entendu parler un jour ou l'autre de développement durable sans l'aide de Ray Anderson. Mais il a eu le mérite d'être le premier à le porter à l'attention des étudiants que nous étions, en nous montrant que toutes ces bonnes intentions étaient concrètement applicables.

Quatre ans après, nous avons enfin l'occasion de rencontrer ce célèbre pionnier, mais au terme d'un périple éreintant. Nous venons de longer toute la côte est en moins de quatre jours, pour relier Boston à Miami d'une seule traite. Il aurait été bien dommage de ne pas profiter de ce long voyage pour nous arrêter à Atlanta. Nous avons entendu dire que ce patron accepte toujours de raconter l'histoire d'Interface et nous sommes friands d'histoires. Voilà comment l'équipe du tour du monde en quatre-vingts hommes a rencontré un homme qui, lui, fait le tour du monde pour donner quatre-vingts conférences par an.

Ray Anderson est le fondateur d'un véritable empire industriel. Interface est le leader mondial incontesté du marché des moquettes de bureaux. Avec un chiffre d'affaires de plus de 1,3 milliard de dollars en 2003, la société emploie plus de cinq mille personnes à travers le monde. Ce n'est pas vraiment la PME du coin. Et lorsqu'on est à la tête d'un empire, et qu'on vient de passer sans encombre le cap des soixante-dix ans, il est généralement courant de profiter d'une retraite dorée pour améliorer son handicap sur les terrains de golf. Malheureusement pour ce patron atypique, et heureusement pour la planète, tout ne s'est pas passé comme ça.

Ray Anderson déclare souvent qu'il a entamé une troisième vie en 1994. Pour mieux comprendre son parcours, et pour ménager un certain suspense, revenons d'abord sur les deux premières. Originaire de la campagne de l'État de Georgie, Ray regarde les trente-huit premières années de sa vie comme une vaste et longue préparation pour devenir entrepreneur. Son diplôme d'ingénieur de l'université de Georgia Tech, et même son implication dans l'équipe de football américain locale sont, selon lui, autant d'étapes vers l'accomplissement d'un rêve : créer et diriger une société. Et à l'âge de trente-neuf ans, il entame cette deuxième vie tant attendue, en créant Interface. La vingtaine d'années qu'il consacre à transformer une idée, vendre de la moquette en dalle d'un mètre carré, en une entreprise présente dans cent dix pays et cotée à la Bourse de New York, il la résume en un seul mot : « transpiration ». Mais, vous vous en doutez, c'est bien sa troisième vie qui est la raison de notre venue. En « autobiographe » officiel, Ray place sa naissance précise au 31 août 1994.

À la demande de certains clients, Interface a commencé depuis un an à réfléchir à l'impact de ses activités sur l'environnement. Et, depuis des semaines, Ray sait qu'il est censé ouvrir les débats de la première réunion interne organisée sur ce thème. L'objectif est de faire partager sa vision du développement durable. Le problème, c'est que celle-ci se résume alors à une seule idée : « obéir aux lois ». Un entrepreneur charismatique et visionnaire se doit de faire mieux... À court d'idées, il décide de faire comme tout étudiant normalement constitué dont le mémoire n'atteint péniblement que la moitié de la longueur requise. Il va chercher des idées dans un bouquin... Il vient de recevoir *The Ecology of Commerce*[1] un livre

1. De Paul Hawken, Éd. HarperCollins Publishers, 1994 (en anglais).

écrit par l'entrepreneur Paul Hawken sur la relation entre l'économie et l'environnement et décide de s'y plonger.

« Je suis sorti de la lecture de ce livre avec l'impression qu'une flèche m'avait traversé le cœur... » continue d'affirmer Ray dix ans après. Dans ce livre de réflexions devenu culte pour les entrepreneurs soucieux d'environnement, Paul Hawken dresse un constat dramatique de l'état de notre planète. Il décrit l'assèchement de la plus grande nappe d'eau douce du centre des États-Unis. Il y détaille que la planète perd chaque année en terres arables une surface équivalente aux terres agricoles australiennes. Il y évoque aussi l'extinction d'espèces à un rythme dix mille fois plus rapide qu'avant l'ère industrielle. Hawken s'inquiète de la durabilité de nos ressources d'autant que près de quatre-vingt-dix millions d'êtres humains débarquent sur terre chaque année.

Mais c'est surtout l'histoire de l'île Saint-Mathieu qui le touche. Sur cette île déserte du détroit de Béring, vingt-neuf rennes furent introduits en 1944. Les conditions de vie idéales firent grimper la population à mille trois cents animaux dès 1957. Les scientifiques présents avaient calculé que ce chiffre correspondait à l'effectif optimal pour l'île. Mais dès 1963, la population atteignit six mille animaux et l'on se demanda si les scientifiques ne s'étaient pas trompés. En 1966, la population retomba brutalement à quarante-deux rennes. La capacité de l'île avait été dépassée, les fourrages avaient été épuisés et les rennes étaient morts de faim... Cette histoire en tête, Ray Anderson prend conscience des enjeux que les calculs d'empreinte écologique des activités humaines décrivent. L'homme surexploite la planète, et il se met lui-même en danger. Nous sommes les rennes de l'île Saint-Mathieu mais personne ne s'en rend compte.

Pour le patron d'une société qui vend des produits dérivés de pétrole, le réveil est brutal. À cette époque, Interface extrait plus de quatre cent mille tonnes de pétrole chaque année pour le nylon de ses moquettes. Et sa consommation énergétique est démesurée. Jamais aucune mesure d'économie d'énergie ni de matériaux n'a été engagée chez Interface. L'entreprise contribue lourdement à l'accumulation de déchets et au réchauffement climatique. À la fameuse réunion, Ray ne compte pas se contenter d'expliquer sa « vision ». Il tient à donner une mission à ses équipes. Interface doit tout simplement être la première industrie « durable » que le monde connaîtra. Un modèle que Paul Hawken appelle « la prochaine révolution industrielle ». D'ici à 2020, il veut que son entreprise s'engage à ne plus émettre aucun gaz à effet de serre, à ne plus produire aucun déchet solide ou liquide, et à n'utiliser que des sources d'énergies renouvelables. Alors qu'il est en train d'expliquer les ambitions qu'il a pour son groupe, l'auditoire de cette petite réunion anodine le regarde avec des yeux ronds. Mais son équipe le connaît. Elle sait que, lorsqu'il est décidé, il ne leur laisse plus vraiment le choix. Les membres présents lors de ce meeting de 1994 ont moins de trente ans pour faire atteindre au groupe les objectifs ambitieux dessinés par leur président.

L'entreprise est littéralement mise sens dessus dessous. Toutes les étapes de son activité, du design au conditionnement, de la fabrication au transport, sont passées au filtre de la durabilité. Et de nombreuses voies sont explorées pour faire de la société le modèle que Ray a imaginé. Certaines innovations sont d'inattendus succès. Le produit Entropy, par exemple, est une dalle de moquette dont le motif a un design aléatoire s'inspirant du sol des forêts. Cette innovation permet de diviser par trois les déchets de production, les imperfections participant désormais au caractère unique du motif. Lancé en 2002, Entropy représente le plus gros succès commercial de l'histoire de l'entreprise. D'autres idées sont, en revanche, moins bien accueillies... Ray est conscient de la nécessité de changer la façon de mesurer son succès. L'important est d'augmenter le service rendu par les produits, et non la tonne de matière fournie. Interface est donc la première entreprise à proposer à ses clients des moquettes en location, en les facturant par abonnement. Les moquettes, propriété d'Interface, seraient changées tous les dix ans et intégralement recyclées. Pour le même service rendu, on réutiliserait les molécules à l'infini, sans épuiser les ressources, ni accumuler de déchets. Mais à de trop rares exceptions près, les clients n'y voient aucun intérêt. « L'idée était sans doute trop avant-gardiste... » concède Ray Anderson. Il nous avoue aussi que la matière récupérée n'était pas si facile à recycler. Transformer une industrie, on peut s'en douter, n'est pas si simple.

Aujourd'hui, l'entreprise continue d'explorer de nouvelles voies avec des moquettes produites à partir de composants d'origine végétale. Le nylon pourrait être obtenu à partir de maïs ou de chanvre et non plus de pétrole. Ces nouveaux ingrédients sont totalement biodégradables et leur fabrication est beaucoup plus économe en énergie. Si l'écosystème apprécie la différence, le client n'en voit aucune. Sa moquette est aussi confortable. Dès aujourd'hui, plus de 20 % des matières utilisées par Interface sont d'origine renouvelable. Et les prix du pétrole augmentant, on se doute que ces nouveaux procédés ont un certain avenir.

Ray Anderson estime aujourd'hui que l'entreprise n'est qu'au tiers de sa route vers un modèle durable. Mais, dix ans après son ambitieux discours, il peut déjà s'enorgueillir d'avoir connu quelques succès. Les gaz à effet de serre émis par l'entreprise ont été réduits de 46 % depuis 1996, alors que la production a doublé. L'énergie renouvelable représente désormais 12 % du bouquet énergétique de l'entreprise. Et en brûlant le méthane[1] que dégage une déchetterie située à côté de son usine de LaGrange en Louisiane, l'entreprise va pouvoir compenser l'ensemble de ses émissions de gaz à effet de serre[2] tout en produisant de l'électricité. Les déchets solides de production ont été divisés par trois depuis 1996, et Interface a été le premier du secteur à proposer des produits à partir de plastique de bouteilles recyclées. L'entreprise est parvenue à doubler son chiffre d'affaires en dix ans tout en réduisant drastiquement ses consommations de matière et d'énergie. Toutes ces mesures ont aussi permis à Interface d'économiser pas moins de quatre-vingts millions de dollars en dix ans. Si le chemin restant à parcourir est immense, celui déjà parcouru est plus qu'honorable.

Au-delà de ces résultats unanimement salués, l'histoire de Ray Anderson prouve qu'il est absurde d'imaginer inventer un monde plus propre sans convaincre les entrepreneurs d'industries traditionnelles de s'embarquer dans l'aventure. Le titre que Ray a d'ailleurs choisi pour son livre est révélateur. Dans « Changement de cap à mi-parcours[3] » il rappelle qu'Apollo 11, le vaisseau transportant Neil Armstrong sur la lune, a été, durant plus de 90 % de son trajet, sur une mauvaise trajectoire. *Errare humanum est, perseverare diabolicum*[4].

D'autres exemples d'entreprises engagées :

Paul Hawken, l'homme qui a inspiré Ray Anderson, appelle de ses vœux l'émergence d'une nouvelle révolution

1. Le méthane a un pouvoir de réchauffement du climat 23 fois plus important que le CO_2.

2. Plus précisément, les gaz à effet de serre correspondant à la totalité des émissions d'Interface sur le continent Américain.

3. *Mid-Course Correction*, Ray Anderson, Éd. Peregrinzilla Press, 1999 (en anglais).

4. L'erreur est humaine, persévérer est diabolique !

industrielle. Sa vie est le meilleur exemple des capacités de changement qu'un entrepreneur engagé peut provoquer dans la société. À vingt-sept ans, il est à la tête du premier producteur de produits bio du pays. Plus tard, il monte une autre entreprise de vente d'outillage de jardin, Smith & Hawken, dont les nombreuses innovations pour l'environnement en font un modèle pour tout le secteur. Il est surtout devenu, entre-temps, un auteur à succès dont les ouvrages ont largement influencé les leaders politiques et économiques du pays en démontrant que l'écologie pouvait être une opportunité avant d'être une contrainte. Son livre phare « L'écologie du commerce » est un best-seller sur les campus de MBA américains, c'est plutôt bon signe !

En France, **Bertrand Collomb**, le PDG de Lafarge, est aux avant-postes de l'engagement environnemental. C'est au sommet de la Terre de Rio, en 1992, qu'il commence à s'intéresser aux impacts environnementaux de l'activité de son groupe, le leader mondial du ciment. Pour la fabrication d'une tonne de ciment, 3/4 de tonnes de CO_2 sont émises dans l'atmosphère. Entre 1990 et 2010, Lafarge s'est engagé à diminuer la consommation énergétique de 20 % par tonne de ciment. Mais Bertrand Collomb fait remarquer que la consommation énergétique pour la construction d'un bâtiment est dix fois moindre que l'énergie dépensée au cours de son utilisation. Or le ciment a de bonnes propriétés d'isolation et peut être utilisé pour une architecture durable. Le bilan énergétique doit donc être fait du début à la fin de la chaîne. En d'autres termes, il est peut-être nécessaire d'utiliser des matériaux consommateurs à la construction si leur utilisation permet de substantielles économies tout au long de la vie du bâtiment. Une chose est sûre, il ne peut se permettre de prendre le sujet du changement climatique à la légère.

En Europe, la première société à avoir publié un rapport de développement durable est l'industriel danois Novo Nordisk. **Lise Kingo**, la directrice du développement durable de ce géant pharmaceutique mondial, nous a reçus pour expliquer son engagement. L'entreprise est le leader mondial des soins contre le diabète et s'est engagée dans une démarche de progrès social et environnemental depuis une quinzaine d'années déjà. Les efforts ont permis de diminuer de 5 % chaque année les consommations d'énergie et d'eau par unité produite. Une usine de Novo Nordisk est d'ailleurs membre de l'écoparc de Kalundborg décrit en début d'ouvrage. D'autre part, leurs traitements sont vendus au cinquième du prix courant dans les pays en voie de développement. Lise Kingo explique que la liberté de manœuvre de son groupe en matière de développement durable, qui s'est révélée très intéressante sur le plan financier, a surtout été rendue possible par la stabilité de l'actionnariat. L'entreprise est la propriété d'une fondation, ce qui permet de donner la priorité au long terme, avec sérénité.

Pasquale Pistorio, le PDG de STMicroelectronics [1], est aussi reconnu pour l'engagement de son groupe. Il raconte souvent que c'est au début des années 1990, qu'il a pris conscience des grands enjeux écologiques. Un livre est aussi au départ de son engagement. La lecture de « L'État du monde [2] » de Lester Brown lui ouvre les yeux sur l'état de détérioration de notre planète... Depuis, la multinationale s'est engagée, sous son impulsion, dans une démarche de réduction d'impact global. En 2010, le groupe souhaite être déclaré « neutre sur le climat » grâce à une baisse de la consommation d'énergie, une utilisation optimisée d'énergies renouvelables et le financement de forêts séquestrant le carbone.

1. Le troisième fabricant mondial de semi-conducteurs.
2. The State of the World, WorldWatch Institute, Éd. Norton & Company, 2005 (en anglais).

IV.

L'AMÉRIQUE DU SUD ET L'AFRIQUE

Guy et Neca Marcovaldi – *Praia do Forte (Brésil)*
Fondateurs du Projeto Tamar, modèle d'écotourisme et de conservation de la biodiversité.

Tout pour les tortues...

Défi : *Assurer la survie d'une espèce en voie d'extinction : la tortue de mer, massacrée par les populations locales pour augmenter leurs revenus.*
Idée reçue : *« Impossible de changer les pratiques, même destructrices, si elles rapportent. »*
Solution durable : *Permettre aux tortues de mer de devenir une formidable richesse pour le tourisme, et une source de revenus supplémentaires pour les populations locales.*

Au cours de vacances prises en 2001, nous avions eu l'occasion de visiter un projet de préservation de tortues marines sur la côte de l'État de Bahia. Au Brésil, l'expérience du projet Tamar[1] est assez reconnue et médiatique. Mais ce qui nous avait laissés admiratifs, c'était la combinaison habile d'un objectif de sauvegarde de la biodiversité avec une efficacité marketing et commerciale assez

1. TArtaruga MARinha (TAMAR) signifie tortue marine en portugais.

redoutable. Deux ans et demi après une première visite, nous retournons à Praia do Forte, le village de pêcheurs qui sert de siège au projet. L'histoire de Tamar est avant tout l'histoire de son duo de fondateurs. Après un mois passé au Venezuela et en pleine forêt amazonienne sans rencontrer grand monde, nous sommes impatients de découvrir Guy et Neca Marcovaldi, le couple à l'origine de cette formidable initiative.

Désignés comme « héros de la planète » par le magazine *Time*, Guy et Neca ont consacré leur existence à la sauvegarde des tortues marines de la côte brésilienne. Leur projet est aujourd'hui l'un des plus reconnus au monde pour la protection de la biodiversité. Ils ont, sans le savoir, fait partie des tout premiers pionniers que nous avions décidé de rencontrer lorsque notre projet a pris forme. Nous avons donc un peu d'appréhension avant de les retrouver. Nous ne serons pas déçus, l'histoire de ce couple, « 100 % tortue », nous a profondément touchés.

Guy et Neca se sont connus lors de leurs études en océanographie dans l'État le plus austral du Brésil. Ils y ont appris que la vie sur terre doit beaucoup aux interactions entre les différents éléments de l'écosystème. Lorsque des espèces de plantes, d'insectes, ou d'animaux s'éteignent à jamais, on fragilise considérablement l'ensemble du système. Inspirés par un professeur, collectionneur de mollusques, ils consacrent leurs vacances à parcourir les plages inexplorées du Nordeste brésilien avec pour mission officielle de lui rapporter quelques spécimens. On imagine assez clairement l'ambiance du camp. Nous sommes à la fin des années 1970. Le groupe de jeunes étudiants dort dans des tentes de fortune sur la plage et s'apparente davantage à de jeunes hippies en vacances qu'à des scientifiques étudiant la vie complexe des gastéropodes. Mais s'ils profitent de leurs vingt ans pour mener cette vie de bohème, ils n'en perdent pas leurs réflexes d'apprentis océanographes pour autant.

Plusieurs jours d'affilée, le groupe d'étudiants découvre en se réveillant d'étranges marques sur le sable laissées pendant la nuit à proximité de leur campement. Ils sont, à l'époque, bien incapables d'y reconnaître les traces de tortues de mer venues pondre sur la plage. Leurs professeurs ont tous été formels : « Il n'y a jamais eu de tortues marines au Brésil ! » Mais une des nuits suivantes, ils se réveillent en sursaut et surprennent les pêcheurs locaux en train d'en massacrer onze devant leur campement. Ils décident de s'interposer et la bagarre s'engage. Non seulement ils viennent de découvrir que les côtes brésiliennes sont effectivement habitées par des tortues de mer, mais qu'elles sont aussi victimes de l'avidité des habitants des côtes. Le réveil est plutôt brutal. Pour Guy et Neca, cette nuit d'été écourtée est le véritable déclencheur d'une vie de combat pour la sauvegarde d'un des plus attachants animaux de l'océan.

Ils découvrent rapidement que les menaces pesant sur les tortues sont nombreuses et principalement liées à la malveillance de l'homme. Il est, à l'époque, assez courant pour les populations côtières de les chasser pour leur carapace. On en tire des objets d'artisanat ou des bijoux. Et même les enfants participent au massacre. Ils se régalent à l'œil en dégustant les œufs enfouis dans le sable et cuits par le soleil.

En 1980, le projet Tamar naît grâce à des circonstances politiques favorables. Les dirigeants brésiliens viennent de prendre conscience que leur pays est le seul du continent américain à ne rien faire pour préserver la faune marine. Or, la tortue de mer a été mondialement reconnue comme une espèce menacée. Le projet du jeune couple de chercheurs arrive à point nommé pour des politiciens en mal de visibilité. Il obtient assez facilement ses premières subventions. Étrangement, le plus difficile n'a pas été d'obtenir les premiers financements publics, mais de convaincre les populations locales de modifier leurs pratiques. L'affrontement direct des braconniers et l'interdiction par la force ne se révèlent pas les moyens d'action les plus efficaces. Guy et Neca font toujours face, dans leur combat, à des pères de famille, qui tentent simplement de nourrir leurs enfants avec les maigres revenus de leur pêche, même interdite. Pour sauvegarder les tortues, les populations locales doivent y trouver un intérêt, en d'autres termes, un revenu.

C'est ici, à quelques heures de route de Salvador de Bahia, que l'idée d'un propriétaire local inspiré va permettre au projet Tamar de mettre les pêcheurs dans son camp. Klaus Peters est un entrepreneur de São Paulo qui vient de racheter dans le village un immense terrain en bord de mer. Il a en tête de transformer la petite bourgade de pêche enclavée en un complexe touristique majeur. Mais son intention n'est en aucun cas d'aligner les barres d'immeubles en front de mer. Il veut que Praia do Forte soit un modèle reconnu d'écotourisme, et l'affluence de visiteurs doit profiter à tous, et surtout laisser l'environnement intact. Son entente avec le couple Marcovaldi est rapide et évidente. Et la complémentarité de leurs projets permet d'accomplir un rêve commun, en assurant un essor économique sans précédent pour le plus grand bénéfice de la population locale. Les touristes viennent à Praia do Forte pour visiter le centre de protection, et, en consommant sur place, assurent des revenus à la population locale. Dès lors, tout le monde s'entend pour s'organiser afin d'accueillir au mieux les tortues, et les touristes...

Vingt-cinq ans après la création du projet, le village de Praia do Forte est devenu un véritable pôle touristique dans la région, attirant les visiteurs de Salvador qui veulent profiter de la plage. Plus d'une vingtaine d'auberges et autant de bars et de restaurants se sont ouverts. Ils permettent à la population locale d'améliorer considérablement ses fins de mois. Parallèlement, le projet de Guy et Neca a pris de l'envergure. Plus de vingt bases ont été créées le long des côtes brésiliennes pour surveiller un millier de kilomètres de plages[1]. Chaque année, près de six cent mille œufs sont protégés, de la ponte jusqu'à la naissance des bébés tortues. Et, tous les ans, les différents centres d'information ouverts au public reçoivent plus d'un million et demi de visiteurs !

Cette affluence, Guy et Neca ont su en tirer parti grâce à des approches marketing et promotionnelle astucieuses. Pour sortir des centres d'information, le passage par une des boutiques est obligatoire. On y vend des chemises, des sacs, des maillots de bain, ou des peluches estampillées de la petite tortue, logo du projet. Et le revenu généré par ces ventes n'a rien d'anecdotique puisque près d'un tiers du budget est assuré par les boutiques. La fondation Tamar est, d'ailleurs, le premier employeur de la région avec deux usines de confection où elle emploie plus de cinq cents personnes. Le projet a permis à de nombreuses familles de pêcheurs de générer un second revenu. « Grâce à Tamar, certaines femmes rapportent au foyer plus d'argent que leur mari, et prennent davantage part aux décisions », se félicite Neca. Le couple a aussi eu l'idée de lancer des programmes de parrainage de bébés pour financer ses activités. Les éclosions d'œufs sont fêtées comme des anniversaires. Et les enfants chanceux y participant écarquillent des yeux comme des billes devant le spectacle de centaines de tortues d'à peine trois centimètres courant instinctivement pour rejoindre l'océan. Les revenus de ces événements permettent d'ouvrir d'autres centres et de sauver davantage d'animaux. Grâce à tous ces programmes, le projet Tamar est devenu une véritable entreprise qui emploie plus de mille deux cents personnes.

Aujourd'hui, Praia do Forte est un village charmant qui a su s'adapter au tourisme sans renier sa tradition ni perdre son âme. Les anciens pêcheurs qui gagnaient leur

1. La côte brésilienne s'étend sur huit mille km.

vie en persécutant les tortues gagnent aujourd'hui davantage grâce à leur conservation. Quant à Guy et Neca, ils attendent avec impatience le premier retour des bébés nés sous leur protection. Vingt ans après, la tortue devenue adulte et ayant parcouru les océans du monde revient toujours sur la plage de sa naissance pour pondre sa première portée... Les premiers bébés nés grâce à Tamar devraient donc réapparaître cette année... Mais lorsque Guy nous affirme qu'il en a reconnu quelques-unes, Neca pose sur lui un regard tendre et moqueur qui nous laisse bien rêveurs... Ce couple-là a décidément tout réussi.

D'autres exemples dans le domaine de la sauvegarde de la biodiversité :

Au Mexique, **Pati Ruiz Corzo** a, elle aussi, consacré sa vie à la sauvegarde de la biodiversité dans la région de la Sierra Gorda. Femme au dynamisme exceptionnel, elle a fait déménager toute sa famille de la bourgeoise cité de Querétaro pour l'installer en pleine forêt. Son fils était depuis plusieurs années atteint d'une grave maladie respiratoire due à la pollution. Désormais, elle mène une vie « nature » et consacre toute son énergie à défendre la forêt et ses habitants. Son fils n'a plus jamais eu besoin d'aucun soin...

En Tanzanie, **Sebastian Chuwa** est un homme tombé amoureux d'un arbre. Il a consacré sa vie à redonner vie à l'espèce m'pingo, un ébène que la population locale a depuis vingt ans massivement coupé. Le bois précieux est utilisé pour sculpter des objets vendus aux touristes, ou tout simplement se chauffer. Grâce à son action, plus d'un million d'arbres ont été replantés et il a convaincu les artisans locaux de replanter plus d'arbres que la quantité qu'ils coupent pour travailler. Sebastian ne souhaite en aucun cas mettre la région « sous cloche ». Il imagine des pratiques qui permettent à tout le monde de profiter des ressources présentes sur les flancs du mont Kilimandjaro, sans en altérer la biodiversité.

Rodrigo Baggio – *Rio de Janeiro (Brésil)*
Fondateur du CDI, un réseau d'écoles d'informatique dans les bidonvilles.

L'informaticien citoyen

Défi : *Réduire la fracture numérique de la société brésilienne.*
Idée reçue : *« Les bidonvilles n'ont pas les moyens de s'équiper en matériel informatique et cela serait peut-être même dangereux. »*
Solution durable : *Permettre aux enfants des bidonvilles de se connecter et ainsi améliorer leur sort grâce à l'outil informatique.*

Depuis un mois et demi, nous fêtons notre retour au Brésil, pays que nous apprécions tant. Nous retrouvons Rio de Janeiro avec joie. Lorsque nous travaillions à São Paulo, il nous était rare de tenir plus d'un mois sans y passer un week-end. La ville de Rio est magique par sa géographie et son ambiance, elle est aussi fascinante par ses étonnants mélanges. Ici, tout se marie sans complexe, quartiers riches et favelas [1], plage et centre-ville, riches touristes et businessmen pressés. Et pour notre retour dans cette ambiance

1. Favela est le terme portugais désignant un bidonville.

unique, nous venons justement rencontrer un parfait exemple de cocktail carioca. L'homme qui nous ouvre sa porte est un mélange d'entrepreneur et de militant, de cadre dirigeant performant et de volontaire bénévole. Rodrigo Baggio a la fougue de sa jeunesse, mais ses choix de vie prouvent une sagesse d'ancêtre. Et si la première rencontre avec ce géant de deux mètres est évidemment impressionnante, son sourire, large et franc, nous met tout de suite à l'aise. Ce jeune homme actif au parcours inclassable n'a pas perdu beaucoup de temps. À trente-quatre ans, il est à la tête d'une des initiatives les plus remarquables en matière de lutte contre l'exclusion numérique. Il forme des centaines de milliers de jeunes des favelas à l'outil informatique. Rencontre avec un surdoué de la vie.

Fils d'un cadre du géant informatique IBM, Rodrigo a eu la chance d'être né loin des favelas dont il s'occupe désormais. Les problèmes de ces zones de misère jalonnent toutes les grandes villes du Brésil. Rodrigo aurait pu vivre une vie tranquille sans avoir à s'en préoccuper. Mais, dès l'âge de douze ans, son engagement paroissial dans des mouvements de jeunesse lui fait découvrir cet univers difficile. Il consacre alors un peu de son temps libre à aider des jeunes en difficulté scolaire. C'est aussi à cet âge qu'il se découvre une deuxième passion. En 1982, son père lui offre un ordinateur personnel. À cette époque, il est sans doute le premier enfant du pays à poser un PC sur le bureau de sa chambre.

Pour Rodrigo, son adolescence s'est résumée à cela. Tout son temps libre est soigneusement réparti entre ces deux passions originales, son engagement bénévole et l'informatique. Sa fascination pour un outil, que beaucoup considèrent comme étrange à l'époque, ne se résume pas aux jeux vidéo puisqu'il développe assez tôt un don pour la programmation. Il quitte le parcours scolaire classique pour rejoindre les équipes d'informaticiens d'une société américaine. Désormais il travaille, alors qu'il n'a pas vingt ans, sur de complexes programmes d'intelligence artificielle. Après quelques années d'intense activité, et tout en ayant eu le temps de se former à l'Université en sciences sociales, ce touche-à-tout énergique finit par prendre son indépendance. Il crée, au début des années 1990, sa propre société d'édition de logiciels.

À vingt-trois ans seulement, Rodrigo est une icône de réussite. Il est jeune, riche, possède une voiture et un bateau pour naviguer dans la plus belle baie du monde. Mais quelque chose lui manque. Il nous avoue : « J'avais à l'époque l'impression étrange d'être passé à côté de l'essentiel... J'avais réussi, mais sans m'être réalisé. » À cette même époque, alors que le réseau Internet est loin de s'être vulgarisé, il fait un rêve bizarre qui le « reconnecte » avec ses aspirations d'adolescent. Il imagine des groupes de jeunes utilisant l'informatique pour dialoguer entre eux des problèmes qui les touchent. Rodrigo se réveille le matin suivant avec cette idée obsédante en tête. « Je me suis surtout vu âgé de quatre-vingts ans en train de me dire que j'aurais peut-être dû... » nous confie-t-il aussitôt. Rodrigo veut faire prendre un tournant à sa vie. Il va rééquilibrer son emploi du temps surchargé pour se donner les moyens d'accomplir ce rêve. Un an plus tard, il crée JovemLink [1], le premier site Internet brésilien permettant à des jeunes de discuter ouvertement sur la toile. Mais, rapidement, il voit les limites de son modèle et sent une frustration. Son outil fonctionne très bien, mais il n'est utilisé que par les enfants de milieux aisés. Ceux qui dialoguent sont ceux qui ont un ordinateur. Rodrigo veut toucher ceux qui n'en n'ont pas.

Il décide alors de lancer la première campagne nationale de récupération de matériel informatique. Avec ce matériel dépassé mais en parfait état de marche, il crée la première école d'informatique dans la favela Dona Marta.

1. JovemLink signifie « lien entre jeunes ».

Il s'associe à la paroisse locale et à une ONG. Il donne lui-même les cours avec l'ambition de former de futurs éducateurs pour démultiplier le modèle. S'il est passionné par les nouvelles technologies, Rodrigo n'en reste pas moins conscient que l'informatique n'est qu'un outil. Il donne ainsi pour objectif à ses écoles de traiter de sujets de société et d'imaginer comment l'informatique peut les aider à agir. En 1995, l'inauguration de la première école est un succès médiatique inespéré. Grâce à cet engouement et « l'effet de mode Internet », dixit Rodrigo, plus de soixante-dix volontaires se proposent pour créer et animer d'autres écoles.

Le modèle se duplique alors facilement. Aujourd'hui, huit cents centres ont été créés et ils ont formé plus de six cent mille jeunes ! Une école est toujours montée en partenariat avec une association locale, une ONG, une paroisse ou une coopérative qui la gère. Le matériel est fourni par le Comité pour la Démocratisation de l'Informatique (CDI), l'organisation créée par Rodrigo. Et les élèves sont appelés à contribution pour payer le salaire des professeurs. La somme, entre 2 et 4 euros, reste symbolique et peut être remplacée par une heure ou deux de coups de balai dans le local.

L'important est surtout de faire s'engager l'adolescent pour qu'il respecte l'école et s'y sente comme chez lui. Enseigner dans les favelas n'est pas de tout repos. Rodrigo a, par exemple, décidé de ne plus placer d'ordinateurs près des fenêtres depuis qu'il s'est retrouvé couché sur le sol avec ses élèves lors d'une fusillade. Mais, malgré la violence et l'absence d'autorité dans les favelas, aucun des ordinateurs n'a jamais été volé. L'école est, d'abord, le seul lieu où les jeunes peuvent débattre, mais aussi effectuer des recherches et s'organiser pour agir. De nombreuses campagnes de sensibilisation sont nées dans les écoles de CDI sur des sujets comme la contraception, l'hygiène ou l'environnement. Pour Rodrigo « le meilleur moyen d'apprendre un traitement de texte reste de créer soi-même un journal, et lorsque le sujet choisi est la violence, l'élève s'approprie autant l'outil que le message ». Mais la principale raison de l'intérêt des étudiants, dont une large majorité est en situation de pauvreté extrême, c'est d'acquérir des compétences pour trouver un emploi. Or, d'après les enquêtes de CDI, 87 % des élèves affirment avoir connu un changement positif grâce aux cours. Un passage par l'école d'informatique leur a permis d'obtenir un emploi, de retrouver le chemin de l'école ou de s'éloigner de celui de la délinquance.

Le modèle CDI a même permis de sauvegarder des cultures indigènes menacées de perte de mémoire. Grâce à l'informatique, les indiens Guaranis d'Amazonie ont ainsi pu faire un inventaire exhaustif de leur langue. D'ailleurs le mot ordinateur a été pour la première fois traduit en guarani par « Ayu-riru-rivê » qui signifie « boîte pour accumuler la langue ». Rodrigo, amusé, nous confie qu'il a été sacré sorcier de cette nouvelle magie !

Aujourd'hui, il est heureux d'avoir réussi à rééquilibrer sa vie. Et sa fibre d'entrepreneur n'a pas disparu, elle continue inlassablement à lui donner envie d'agir. Il imagine désormais étendre son modèle de « franchise sociale » à la planète entière. Déjà présent dans toute l'Amérique latine, il vient, récemment, de signer un partenariat avec YMCA, le réseau international d'auberges de jeunesse pour s'implanter en Afrique du Sud. Tout ce que l'on peut lui souhaiter, c'est de voir ses idées piratées et dupliquées dans le monde entier à une vitesse exponentielle. Rodrigo rêve d'un monde où la démocratie et le savoir se répandent comme des virus informatiques !

Jaime Lerner – *Curitiba (Brésil)*
Ancien maire de Curitiba, modèle reconnu d'urbanisme durable

L'acupuncteur urbain

Défi : *Faire d'une métropole brésilienne un modèle de développement durable urbain.*
Idée reçue : *« Une mégalopole ne pourra jamais devenir un modèle écologique. »*
Solution durable : *Concevoir une ville à grande échelle où 70 % des habitants trient leurs déchets et les trois quarts utilisent les transports en commun, sans pour autant renoncer à leur confort de vie.*

Après ces quelques jours à Rio de Janeiro, nous reprenons la route vers São Paulo, la capitale économique du pays. Nous y retrouvons nos amis et nos repères. Nous avons évolué dans « Sampa », comme l'appellent affectueusement les vingt-cinq millions d'habitants qui la peuplent, pendant près d'un an et demi [1]. Surprise, rien n'a changé ! On y retrouve la chaleur de ses habitants et l'animation de ses rues, mais aussi la pollution, les embouteillages et les kilomètres d'immeubles en béton.

1. São Paulo est la troisième ville au monde après Mexico et Tokyo, qui ont respectivement 28 et 26 millions d'habitants. Source : ONU 2004.

Cette forêt de constructions qui s'étend sur soixante kilomètres de long et quarante-cinq de large est un environnement en perpétuelle ébullition. Un an de vie à São Paulo vous fait aimer le Brésil et ses habitants mais sans aucun doute prendre conscience des difficultés d'allier croissance démographique et durabilité. Pourtant, à cinq cents kilomètres au sud se trouve Curitiba, une des plus importantes villes du pays qui prouve que le développement d'une agglomération peut se faire de manière plus douce pour l'environnement. Nous avons voulu comprendre le décalage entre ces deux cités et souhaité, à ce titre, rencontrer l'ancien maire de Curitiba. Jaime Lerner, architecte de formation, nous attend dans le hall d'un grand hôtel pour nous parler de son plus grand amour : sa ville.

Toutes les analyses concordent pour annoncer que le siècle qui commence sera urbain. La moitié de la population mondiale vivra en ville en 2050... Cette évolution peut inquiéter, surtout lorsqu'on constate ses conséquences sur Mexico, Bombay ou Pékin. Mais il serait naïf de penser qu'aucune solution aux problèmes d'explosion urbaine ne pourrait venir du Sud. L'homme que nous rencontrons aujourd'hui en est intimement persuadé. « La ville n'est pas le problème, c'est la solution. » Pour cet urbaniste passionné par la ville du futur, il est possible de l'imaginer solidaire, propre et agréable à vivre.

Lorsque au milieu des années 1960 Jaime termine ses études d'architecture, Curitiba ne compte que cinq cent mille habitants. Ce chiffre va quadrupler en seulement trois décennies. La croissance de la capitale du Parana, État industriel du sud du pays, est la plus rapide des grandes villes du pays. Mais en 1960, l'étudiant Jaime est déjà amer lorsqu'il constate ce qu'est devenue sa cité. Il craint que le développement accéléré n'anéantisse la mémoire du lieu. Il ne comprend pas les modes politiques de l'époque d'endetter les villes pour construire autoroutes, immeubles clinquants ou larges centres commerciaux. Il n'a aucune envie de voir la déesse automobile consacrée sur les ruines de ses souvenirs d'enfants. Lui rêve d'une ville « à taille humaine, avec une véritable âme ».

Son premier engagement est un échec. Avec un groupe d'amis étudiants, il décide de répondre à un concours d'architecture organisé par la municipalité. Le projet des jeunes étudiants enthousiastes perd face à celui d'une multinationale française. Jaime et ses amis n'en tiennent rigueur, ni à la mairie ni, il nous l'a juré, aux Français. Le groupe décide toutefois de monter le premier institut de recherche en urbanisme de la ville pour alimenter la réflexion des décideurs politiques. Ces travaux lui permettent de se faire remarquer. Alors qu'il n'a que trente-trois ans, il devient maire de la ville en 1971, mais sans avoir gagné d'élection. Au début des années 1970, le Brésil n'est pas encore une démocratie, et les maires sont nommés par une autorité centrale et sans réel pouvoir... Jaime sait qu'il peut faire une différence.

L'équipe qu'il met en place autour de lui est, selon ses propres termes, « une bande de jeunes idéalistes, très créatifs et sans idées préconçues ». Très vite, leur dynamisme dérange, mais leur assure le soutien de la population qui rêve de voir les choses changer. Ils ne se laissent pas décourager par la bureaucratie. Jaime n'écoute ni les fonctionnaires blasés pour qui rien n'est possible, ni les experts, ces « vendeurs de complexité » qui théorisent le changement pour mieux le refuser. Et, dans tout un tas de domaines, son équipe volontaire et enthousiaste va imaginer des solutions innovantes et faire adhérer la population à leurs projets les plus fous. Le premier défi consiste à redessiner le réseau de transports publics de la ville.

Alors que de nombreux experts tentent de lui vendre le projet de construction d'un métro urbain ultratechnologique et très coûteux, l'équipe de Jaime décide de financer un réseau de bus plus largement déployé. Pour s'assurer de l'étendue du réseau, les compagnies de bus sont subventionnées selon le nombre de kilomètres desservis et non le nombre d'usagers, évitant ainsi d'avoir des centaines de bus pleins en centre-ville et aucun en banlieue... La municipalité trace les parcours, fait construire plusieurs centaines de kilomètres de voies réservées, et Jaime, lui-même, dessine les stations. D'élégantes arches en plexiglas permettent de diminuer les temps d'attente. Les passagers rentrent et achètent leur ticket d'un côté et sortent de l'autre. On évite ainsi les files d'attente pour payer dans le bus et les temps d'arrêt sont minimisés. Pour une facture deux cents fois moindre que ce qu'aurait coûté la construction d'un métro, la municipalité a permis à toute la ville de se déplacer en transport en commun. Pour s'assurer du succès commercial de ses bus, Jaime a même suggéré l'idée que chaque ticket devienne un billet de loterie !

Trente ans plus tard, les résultats prouvent le succès de l'équipe de Lerner. Alors qu'en 1972, seul un habitant sur trente utilisait les transports en commun, c'est désormais plus de trois citoyens sur quatre qui le fait, soit 1,9 million d'usagers par jour. Des centaines de lignes desservent les quartiers les plus reculés de Curitiba, les stations sont adaptées aux handicapés et un bus passe en moyenne toutes les deux minutes. Cela explique que huit trajets sur dix soient effectués en bus. Les gains écologiques sont considérables. La consommation de carburant par habitant est 30 % moindre que la moyenne du pays et les émissions de gaz à effet de serre ont été réduites de 35 %. Le réseau s'est complètement rentabilisé. Les sociétés de bus à qui l'exploitation commerciale a été confiée sont aujourd'hui prospères et n'ont plus besoin de subventions.

Fort de la popularité qu'il avait acquise lors de son premier mandat, Jaime revient au pouvoir en 1979, mais cette fois-ci en remportant le suffrage universel. Il va pouvoir, comme il l'entend, continuer de mettre en place toutes les idées qu'il avait imaginées. « N'importe quelle ville peut être changée en moins de deux ans ! » affirme-t-il sans ciller. Il faut une forte volonté politique, beaucoup de créativité et un bon sens de la communication pour que la population comprenne vos projets. Jaime s'imagine comme un « acupuncteur urbain » plus que comme un pharaon bâtisseur. Un maire doit identifier les centres nerveux de sa cité, et tenter de les revitaliser avec la précision d'une aiguille...

Pour le problème de la gestion des déchets, là aussi, il ne se laisse pas influencer par les propositions complexes et coûteuses. « Quand on n'a pas d'argent, on compense avec des idées », nous confie-t-il. À la construction d'usines ultramodernes de tri automatisé, il a préféré lancer une grande campagne participative de tri sélectif. La population sensibilisée va trier ses déchets en deux catégories, l'organique et le non organique. La ville composte la matière organique et recycle un maximum de plastiques et de verre. Les populations pauvres des favelas sont invitées à participer à un programme d'échange « déchets contre nourriture ». Et face aux pêcheurs qui se plaignent de voir les rivières de plus en plus sales, la ville leur propose tout simplement de racheter les déchets pris dans les filets. Les lieux ont ainsi été nettoyés à moindre coût, et les revenus des familles de pêcheurs ont triplé. Le programme de tri ne coûte pas plus cher que la gestion de décharges, mais la ville est plus propre. Il y a moins de chômage et les fermiers bénéficient gratuitement d'un engrais biologique, le compost. Aujourd'hui, ce sont plus de 70 % des habitants de Curitiba qui trient leurs déchets. Rares sont les villes de pays développés à atteindre de tels chiffres[1] ! Et le programme de recyclage du papier, initié en 1982, alors que le problème de la déforestation n'est pas encore d'actualité, a permis de « sauver » six mille cinq cents arbres par jour !

1. À Paris, nous sommes à 14 %, en Allemagne pourtant bon élève européen à peine à 40 %.

Les conditions de vie se sont visiblement améliorées à Curitiba. En 1970, par exemple, chaque habitant ne disposait que d'un demi-mètre carré d'espace vert. C'était bien trop peu pour Jaime. En 1982, les équipes municipales ont mis en terre 1,5 million de pousses dans le cadre d'une campagne intitulée « La municipalité vous offre de l'ombre, vous offrez de l'eau ». Tous les habitants ont pris leurs arrosoirs et vingt ans plus tard, après la création de plus de vingt et un parcs et l'entretien de longues allées d'arbres feuillus, cinquante-deux mètres carrés de verdure par habitant ont été créés. Et ce alors que la population a quadruplé. Un vaste plateau piétonnier a aussi été créé dans la zone commerciale du centre-ville. Les commerçants réticents craignaient de voir leurs rues désertées en raison des travaux. Ils ont tout d'abord fait barrage. Mais Jaime leur a proposé un test pendant trente jours. Le succès a été tel que d'autres commerçants ont voulu étendre la zone. Aujourd'hui, on peut déambuler tranquillement « rua das flores » au milieu des oiseaux en plein centre-ville.

Jaime nous confie que ce dont il est le plus fier est d'avoir fait partager son « rêve collectif » à la population de sa ville. Et la popularité de ce maire créatif ne s'est jamais tarie. À tel point qu'en 1989, Jaime a été élu maire une troisième fois en n'étant entré en campagne que douze jours avant les élections.

La politique sociale de la ville a aussi été d'avant-garde. La ville a créé plus de trois cent soixante crèches et cent vingt hôpitaux dont certains entièrement gratuits et ouverts vingt-quatre heures sur vingt-quatre. Pour résoudre le problème des nombreux enfants des rues abandonnés, Jaime a proposé avec succès que chaque entreprise, commerce ou institution en « adopte » un. Pour de simples travaux de gardiennage ou de jardinage, les jeunes se voient offrir des repas par la municipalité et une opportunité de sortir de la délinquance. Les vendeurs de rues, eux, ont tous été regroupés dans une foire mobile qui, chaque jour, anime un quartier différent. Et cinquante « phares du savoir » ont été ouverts dans les zones les plus pauvres de la ville. Les enfants peuvent y emprunter gratuitement des livres et utiliser le matériel multimédia mis à leur disposition.

Lorsque Jaime quitte son poste en 1992, son taux de popularité atteint 91 %, le plus important de toute l'histoire « démocratique » brésilienne ! Certains vont même jusqu'à évoquer sa candidature à l'élection présidentielle. Jaime préfère passer les dix années suivantes comme gouverneur de l'État du Parana, pour tenter d'appliquer ses idées à une plus grande mais raisonnable échelle. Les résultats sont probants puisque l'État, traditionnellement assez pauvre, a connu sous ses mandats une des croissances économiques les plus importantes du pays.

Jaime Lerner s'est, aujourd'hui, retiré de la politique. À soixante-sept ans, il est président de l'Union internationale des architectes. Ce poste lui donne l'occasion de voyager et de démocratiser sa vision de la ville du futur. Curitiba reste un modèle d'aménagement urbain pour de nombreux politiques, architectes et urbanistes contemporains. Une des dernières études publiées par la mairie révèle que 99 % des habitants pensent vivre dans la ville où la qualité de vie est la meilleure au monde... On savait les Brésiliens enthousiastes mais à ce point-là ! Et lorsqu'on interroge Jaime Lerner sur les grands enjeux qui menacent la planète, il ne s'embarque pas dans un discours théorique pompeux, mais répond très concrètement : « Commencez par deux choses, triez vos déchets et laissez votre voiture davantage au garage. » Jaime démontre, une fois de plus, que même les plus grands travaux commencent toujours par les choses les plus simples...

D'autres exemples d'hommes politiques engagés :

Nous avons rencontré peu de politiques dans notre voyage, mais le Canadien **Maurice Strong**, passé également par le secteur privé, mérite un réel coup de chapeau. Il est celui qui est parvenu à réunir plus d'une centaine de chefs d'État au sommet de la Terre à Rio en 1992. Son objectif, leur faire prendre conscience des enjeux globaux de notre « petite » planète. Pour beaucoup, le sommet a été l'occasion d'un réveil des consciences. Et même s'il n'est que le point de départ d'un engagement largement dépendant de la conviction réelle de chacun, le sommet a eu le mérite de prouver à tous que ce type de problème exige un nouveau type de réponses, coordonnées et globales... On critique souvent les grandes messes où les déclarations se succèdent et les actions se font ensuite longtemps attendre, mais elles restent le meilleur moyen d'expression démocratique d'une conscience qui doit se globaliser au plus vite.

Agissant aussi dans le domaine politique, **Peter Eigen** est un ancien directeur régional de la Banque Mondiale qui a décidé, un jour, de briser la loi du silence. Comme les statuts de la Banque empêchent quiconque de se mêler de la politique nationale des pays où elle intervient, personne n'osait aborder ouvertement le problème de la corruption. Pourtant, tous savaient pertinemment que cette gangrène mine la plupart des projets de développement. En 1992, il a décidé de monter la première ONG s'attaquant ouvertement à ce problème. Que peut-il faire face à une telle montagne d'habitudes et d'intérêts ? « Pas grand-chose », lui a-t-on dit lorsqu'il a débuté. Mais, en moins de dix ans, Transparency International a ouvert des bureaux dans plus de cent dix pays. Ceux-ci publient chaque année un indice de perception de la corruption où les pays sont comparés les uns aux autres. L'organisme est aussi à l'origine de nombreuses campagnes de lobbying dans les pays du Nord qui ont provoqué des réformes. Alors qu'en France, les pots-de-vin étaient non seulement autorisés mais déductibles d'impôts, l'action de TI a permis de changer la loi en 1997. Aujourd'hui le corrupteur au Sud est passible de sanctions aussi sévères qu'au Nord.

Fabio Rosa – *Porto Alegre (Brésil – par téléphone)*
Fondateur d'IDEAAS,
entreprise de location de panneaux solaires en zone rurale.

De la bougie au solaire...

Défi : *Électrifier les campagnes brésiliennes et lutter contre l'exode rural.*
Idée reçue : *« L'énergie solaire est un luxe pour les riches. »*
Solution durable : *Créer une entreprise et faire bénéficier plus de douze mille personnes de l'électricité solaire tout en économisant un millier de tonnes de kérosène.*

Si un voyage autour du monde change ne serait-ce qu'une seule chose en vous, c'est sans nul doute le regard que vous portez sur votre propre mode de vie. L'habitude du confort a fait de nous des enfants gâtés. Dans nos pays développés, un grand nombre de biens et services sont à simple portée de main sans que l'on y trouve rien d'extraordinaire. Pour de nombreux habitants de pays du Sud, c'est loin d'être aussi évident. L'électricité, exemple révélateur tant le service va de soi en Occident, reste un luxe qu'un tiers de la population mondiale n'a pas encore les moyens de se payer. On peut s'en attrister, s'offusquer d'un monde décidément bien mal fait et remettre tout en cause. On peut aussi voir dans ces exclus électriques une formidable opportunité pour des entrepreneurs en mal de marchés. Les oubliés de la « fée électricité » sont simplement des clients potentiels en attente d'un service adapté à leur situation.

Alors que débute en fanfare le XXIe siècle, Fabio Rosa s'est mis en tête de s'occuper de ceux qui veulent simplement rentrer dans le XXe. Fabio est brésilien et travaille depuis vingt ans à électrifier les provinces rurales du pays. Il prouve que la fuite vers les villes et leurs favelas surpeuplées n'est pas la seule façon d'améliorer le sort des populations rurales. Il prouve aussi que le développement n'est pas systématiquement en contradiction avec la préservation de l'environnement. L'électricité dont ces paysans découvrent les bienfaits est entièrement fournie par des panneaux solaires.

En 1983, Fabio Rosa n'a que vingt-deux ans lorsqu'il débarque en pleine campagne de l'État du Rio Grande do Sul, la zone la plus australe du Brésil. Formé en agronomie, il a été chargé d'étudier les pratiques agricoles d'un village rural enclavé. Après quatre heures de bus depuis Porto Alegre, il découvre la charmante bourgade de Palmares do Sul et le bureau plus que sommaire qui lui est réservé. On a prévu de l'installer dans une salle paroissiale sans papier, sans crayon, sans même une table pour travailler... Qu'à cela ne tienne, il travaillera dehors, au contact des agriculteurs qu'il est censé aider.

Sa mission est d'améliorer le sort de ces populations pauvres en enseignant de nouvelles techniques de culture. Pour ceux qui l'ont envoyé, ce qu'il manque à cette région pour se développer, c'est le savoir-faire agricole moderne. Pour les agriculteurs eux-mêmes, ce n'est pas aussi évident. Au bout de quelques semaines, il se rend compte des besoins réels. L'électrification du village est de loin le rêve le plus communément partagé par ces paysans pauvres et devance la construction d'écoles ou de nouvelles routes.

Le raccord au réseau électrique est une vieille chimère promise avec une régularité d'horloger par tous les politiciens successifs. Elle n'a jamais été décidée et, selon Fabio, ne le sera jamais. Les coûts restent prohibitifs. Pourtant, l'électricité changerait radicalement la vie des habitants de Palmares. Pour l'élevage, elle permettrait de délimiter précisément les champs de pâturage en électrifiant les clôtures. Et pour la culture du riz, l'électricité pourrait faire fonctionner les pompes d'irrigation pour puiser l'abondante eau souterraine et améliorer les rendements. Les agriculteurs savent déjà parfaitement ce qu'ils feraient d'un tel cadeau. De fait, ce n'est pas d'un diplômé en agronomie dont le village a besoin, mais d'un ingénieur électrique. Fabio finit par se demander ce qu'il fait là...

Mais il découvre dans un reportage à la télévision l'existence d'un professeur qui parvient à électrifier des provinces voisines à des coûts radicalement bas. Il convainc le maire de sa ville de l'envoyer étudier cette expérience. Il y découvre les travaux de ce génial inventeur. Fabio revient de ce voyage avec la certitude qu'il peut enfin apporter l'électricité à Palmares do Sul. Les innovations imaginées par le professeur pour baisser les coûts sont simples, mais changent tout. En n'utilisant qu'un seul fil de cuivre au lieu de trois, en préférant les métaux conducteurs les moins chers, et en utilisant au maximum la puissance des cours d'eau pour générer du courant, il prouve qu'il est possible de raccorder un foyer rural pour un prix dix fois moindre que celui des études officielles... Fabio décide de se consacrer entièrement à ce nouveau projet. Il affronte la bureaucratie, la paperasse, les sarcasmes et les découragements. Mais, en 1986, il finit par obtenir des financements publics pour raccorder deux cent quarante foyers.

Pour faire participer les paysans, Fabio imagine toutes les formules comme le micro-crédit et même le troc. Il accepte des paiements en sacs de riz, on lui offre même des vaches... Les agriculteurs sont les premiers à y trouver leur compte. Certains voient les rendements de leurs champs quadrupler en moins d'un an grâce à l'irrigation des pompes électriques. La nouvelle se répand que le sort du village s'améliore. Certains jeunes reviennent même des villes pour travailler à nouveau dans les champs. En quelques mois, ce sont quatre cent vingt maisons qui sont raccordées. Cinq ans plus tard, le travail de Fabio a permis à plus de six mille familles de profiter de l'électricité.

Alors que le Brésil se démocratise et ouvre ses frontières, la politique de libéralisation du secteur électrique du début des années 1990 voit davantage s'éloigner pour les paysans la promesse d'un raccord électrique. Pour les compagnies privatisées, aucune obligation n'est faite de s'intéresser aux vingt-cinq millions de personnes sans électricité que compte le pays. Tous leurs efforts techniques et commerciaux se concentrent sur les villes, beaucoup plus rentables. Fabio, quant à lui, commence à s'intéresser de plus près à la technologie solaire, qui offre l'énorme avantage d'être autonome. Un panneau solaire peut fonctionner n'importe où, sans être relié à aucun réseau. Il suffit de le poser face au ciel... Au même moment, en discutant avec une vieille paysanne, Fabio découvre les coûts d'une vie sans électricité. Contrairement à ce que l'on pourrait croire, les paysans sans électricité dépensent déjà pour se fournir en énergie. Pour cuire les aliments en brûlant du kérosène, pour s'éclairer à la bougie, ou alimenter sa radio en piles électriques, la vieille femme explique à Fabio qu'elle dépense chaque mois l'équivalent de presque 10 dollars.

Pour Fabio, c'est le déclic. Il doit, selon lui, être possible de fournir ces paysans en électricité en les faisant payer l'équivalent de ce qu'ils payent aujourd'hui pour les mêmes services. La technologie et la commercialisation doivent s'adapter aux conditions de ces populations rurales. Leurs ressources sont faibles, mais la demande est très large. D'après ses calculs, il estime qu'en louant les panneaux solaires à un prix plancher de 10 dollars par mois, une entreprise peut être rentable. Grâce au programme Ashoka [1], Fabio obtient l'aide du cabinet de conseil en stratégie McKinsey pour effectuer une étude de marché. Il découvre qu'en 2001 65 % des personnes interrogées dans les zones exclues du réseau sont prêtes à s'acquitter de 10 dollars pour bénéficier des services de l'électricité. Pour lui, c'est évident, il faut créer une entreprise et, pour les 35 % restants, une association.

En 2002, il crée les deux. Il lève des fonds auprès de fondations américaines spécialisées sur l'énergie solaire. Pour l'entreprise, le business plan de Fabio leur promet un retour sur investissement dès que le seuil de six mille familles sera atteint. Il le prévoit dès 2006. Son expérience est précieuse pour convaincre les provinces rurales d'adopter le service. Il sait parfaitement identifier les hommes, et surtout les femmes d'influence dans les villages qui vont s'équiper en premier avant d'être copiés par tout le monde. Son offre est parfaitement adaptée, la plus abordable permet d'obtenir l'éclairage et de faire fonctionner une radio pour 10 dollars. Pour 16, on peut y ajouter une petite télévision et une pompe à eau. Si l'on veut recharger son téléphone portable, il faut payer 24 dollars. Fabio loue les panneaux, les batteries et même les ampoules et appareils électriques utilisés. Pour éviter les frais de maintenance, les appareils ont été simplifiés au minimum. Sur la batterie, dont la manipulation est si sensible, il a même placé des petites statues de saints pour s'assurer que personne ne touche le boîtier impunément.

Fin 2004, plus de trois mille systèmes ont déjà été installés et Fabio se situe, comme prévu, à la moitié du

---

1. Lire le portrait de William Drayton, le fondateur d'Ashoka page 168.

chemin qui lui reste vers la rentabilité. Plus de douze mille personnes ont ainsi pu bénéficier de l'électricité solaire en économisant plus d'un millier de tonnes de kérosène, et les émissions de gaz à effet de serre associées. L'électrification des villages a surtout permis de retenir les jeunes, en leur démontrant que la vie à la campagne pouvait avoir un avenir...

L'expérience de Fabio Rosa, dans le sud brésilien, met en pièces de nombreux clichés... Elle prouve d'abord qu'une entreprise peut être parfaitement efficace pour remplir une mission sociale. Mais elle prouve surtout que le développement social n'est pas intrinsèquement lié à une dégradation de l'environnement et peut se faire sur de très saines bases. Et parvenir à faire évoluer les mentalités sur ces questions est sans aucun doute la première des réussites de cet entrepreneur atypique...

Un autre exemple dans le domaine des énergies renouvelables pour les population rurales :

En Inde, **Sanjit Bunker Roy** a quitté son milieu aisé pour monter une école qui forme des hommes et des femmes de la zone rurale indienne aux technologies solaires. Ces illettrées deviennent ingénieurs en électricité du « Barefoot College », l'université des pieds nus. Ils peuvent ensuite opérer dans toute la région auprès des différentes écoles de nuit éclairées grâce à l'électricité des panneaux solaires. Ils génèrent leur propre revenu et aident en même temps les enfants défavorisés à étudier à la tombée de la nuit.

Hernando de Soto – *Lima (Pérou – par téléphone)*
Économiste, écrivain et expert de l'économie informelle.

L'eldorado de l'économie informelle...

Défi : *Améliorer le sort des populations « oubliées » des zones d'exclusion économique.*
Idée reçue : *« Le seul moyen pour les populations pauvres d'essayer de s'en sortir, c'est de travailler au noir. »*
Solution durable : *Prouver que la reconnaissance des titres de propriété est un facteur d'aide considérable au micro-entreprenariat et au développement.*

Début octobre 2003, nous sommes encore dans l'État du Gujarat, dans le nord de l'Inde. Au cours d'une interview, une de nos pionnières nous laisse quelques instants seuls dans son bureau et nous commençons à parcourir sa bibliothèque. Nous tombons sur un ouvrage intitulé *Le Mystère du capital, pourquoi le capitalisme triomphe en Occident et échoue partout* ailleurs[1] ? d'un auteur péruvien qui nous est inconnu, Hernando de Soto. Le titre nous intrigue... Nous nous faisons envoyer le livre deux mois plus tard. La lecture de cet ouvrage est un véritable choc. L'auteur, un économiste sud-américain, a consacré sa vie

1. De Hernando de Soto, Éd. Flammarion, 2002.

à explorer les zones d'extrême pauvreté de la planète. Il a compris et analysé les rouages et les contraintes de « l'économie informelle », celle qui n'apparaît dans aucun livre de compte...

L'économie informelle regroupe les hommes et les femmes qui vivent sans titre de propriété, travaillent et produisent sans contrat. Cette population évolue dans l'illégalité, ou plutôt dans un espace où la loi ne s'applique pas. Personne ne les connaît, personne ne sait ce qu'ils font et rares sont ceux qui se soucient du sort de ces « absents des statistiques ». Hernando de Soto a étudié et compris comment ces authentiques entrepreneurs « au noir » sont exclus du système. Nous ne devions pas passer au Pérou, mais nous modifions notre itinéraire pour le voir. Finalement, après de nombreuses péripéties et de très nombreux échanges de mails avec son organisation basée à Lima, nous nous manquons à Washington et notre rencontre au Pérou s'avère elle aussi compromise. Ce n'est qu'à notre retour en France que nous parvenons à nous entretenir avec lui. Ce portrait est le résultat d'une course-poursuite d'un an qui en valait clairement la peine...

Imaginez un pays où personne ne pourrait savoir qui est propriétaire de quoi, où s'assurer d'une adresse serait quasiment impossible et où l'on ne pourrait légalement forcer personne à payer ses dettes. Un pays dans lequel épargner serait une folie, et où il serait hasardeux de transmettre le travail d'une vie à ses enfants. Chacun fixerait ses propres règles de fonctionnement, pour assurer sa sécurité, gérer ses crédits ou imaginer des règles de caution. Cette situation favoriserait ainsi la violence en instaurant la loi du plus fort. Cette réalité existe, c'est celle des zones d'exclusion de nombreux pays en voie de développement. Ce pays, c'est la réunion de toutes les zones « hors économie » de la planète, les favelas de Rio, les bidonvilles de Calcutta et les townships de Johannesburg mis bout à bout.

Hernando de Soto, le fondateur de l'ILD (Institut pour la Liberté et la Démocratie), tente depuis plus de vingt ans d'intégrer cette économie informelle dans la sphère légale. Il a été désigné en 2004 par le magazine américain *Times* comme l'une des cent personnalités les plus influentes au monde. Voici l'histoire de celui qui mène une des luttes les plus efficaces contre la pauvreté.

Né en 1941 à Arequipa, Hernando de Soto émigre en Europe dès l'âge de sept ans, lorsque son père, un proche conseiller du président en place, est chassé par un coup d'État d'extrême droite. Pour autant, il ne perd jamais de vue la situation de son pays d'origine. Ses parents le poussent, lui et son frère, à lire chaque jour les principaux quotidiens péruviens et, chaque année, ils passent quelques semaines dans leur pays d'origine. Après de brillantes études, il débute sa carrière d'économiste au GATT[1], ancêtre de l'OMC, pour participer aux âpres négociations de commerce international. Après dix ans de bons et loyaux services dans ces cercles économiques de haut vol, son rêve se concrétise enfin et il rentre à Lima. Son expérience reconnue lui permet de devenir gouverneur de la Banque centrale péruvienne. Une de ses premières décisions est d'organiser une grande conférence sur les perspectives de développement économique au Pérou, invitant de nombreux intellectuels et économistes reconnus tels que Joseph Stieglitz[2], Milton Friedman[3] ou Jean-François Revel[4]. C'est au cours de cette conférence qu'il entend

1. GATT : General Agreements on Tarifs and Trade (Accords généraux sur le tarif et le commerce).

2. Joseph Stieglitz : ancien économiste en chef de la Banque Mondiale.

3. Milton Friedman : prix Nobel d'économie.

4. Jean-François Revel : économiste et intellectuel français.

pour la première fois évoquer le concept « d'économie informelle ».

Le sujet l'intrigue et il décide d'explorer ces zones exclues, où les échanges économiques existent bel et bien, mais à l'insu de l'État. Son premier livre, « L'Autre Sentier »[1], allusion directe au sentier lumineux révolutionnaire, est une première tentative d'évaluation de ce que représente le secteur informel dans l'économie péruvienne. Les chiffres qu'il obtient de ses observations et calculs sont à peine croyables... Selon lui, 90 % des PME, 85 % des transports urbains, 60 % de la flotte de pêche, pourtant l'une des plus importantes au monde, et 60 % des épiceries alimentaires de son pays opèrent sur le « marché noir ». Hernando découvre que le droit commercial ne protège qu'une infime minorité de Péruviens.

Il découvre surtout que l'économie informelle est pour les habitants un enfer, et non un choix délibéré. Bien décidé à agir pour réintégrer ces sources de richesse nationale dans la légalité et au bénéfice de tous, il arpente les bidonvilles chaque week-end, écoute les témoignages de milliers de ses compatriotes et crée un « think tank[2] » pour inventer les solutions applicables à ce problème d'envergure. Pour mieux comprendre par quoi passent ses compatriotes, il décide de fonder un simple atelier de couture dans les bidonvilles de Lima. Son objectif n'est pas d'apprendre à coudre mais de tenter de le faire enregistrer légalement. Hernando et son équipe découvrent l'absurdité administrative de leur projet. Obtenir l'autorisation de monter un atelier de couture nécessite pas moins de 289 jours de travail à temps plein en démarches diverses et les frais équivalent à trente fois le salaire minimum mensuel. Ce n'est pas que les travailleurs de Lima ne

1. *The Other Path*, Hernando de Soto, Éd. Perseus Books Group, 2002 (en anglais).

2. Think tank : institut de recherche.

veulent pas être connus de l'État, c'est qu'ils ne peuvent pas ! Et les impôts que ces entrepreneurs évitent de payer sont largement compensés par le racket opéré par les mafias locales. Car, en cas de litige avec un client ou un fournisseur, seuls les puissants narcotrafiquants sont en mesure de rendre une aléatoire justice.

Autre exemple étudié depuis, 90 % de la population égyptienne possède un capital sous une forme qui n'est garantie par aucun titre de propriété. Sans ce titre, aucune maison, aucun petit commerce, aucun véhicule ne peut être protégé par la loi. En observant les prix des transactions dans ces zones de « pauvreté », les équipes de l'ILD ont estimé ce « capital informel » à plus de 210 milliards d'euros, soit l'équivalent de cinquante-cinq fois le montant total des investissements directs étrangers reçus depuis le départ de Napoléon. Ce montant représente six fois la valeur de la totalité des dépôts en banque du pays, mais n'est comptabilisé par personne... Pour l'Égyptien des bidonvilles du Caire, le « coût de la légalisation » est aussi prohibitif que pour l'habitant de Lima. Deux ans à temps plein sont nécessaires pour enregistrer un petit commerce. Et pour légaliser sa maison, il doit franchir soixante-dix-sept étapes dans trente et une administrations différentes. Le titre de propriété peut mettre dix-sept ans à être obtenu alors que personne le conteste !

En étant incapable de prouver que sa maison lui appartient, un « propriétaire » ne peut bénéficier de caution. Les banques lui refusent tout crédit, et le développement de son entreprise est impossible. Lorsque 90 % des entreprises sont dans cette situation, c'est le développement du pays entier qui est gravement pénalisé. « Loin d'être des marginaux malhonnêtes comme les élites ou le gouvernement les imaginaient, les pauvres de Lima ou du Caire portaient sur leurs dos leurs économies nationales. Et personne ne s'était encore sérieusement intéressé à eux... »

Pour « réveiller ce capital mort », Hernando va travailler au Pérou en collaboration avec trois présidents successifs. À son initiative, plus de quatre cents lois sont promulguées pour moderniser l'économie nationale. Il redessine intégralement le système de propriété, pour simplifier l'accès aux titres et faciliter l'enregistrement légal. La durée d'enregistrement est réduite à quatre semaines et le coût d'inscription est divisé par cent. Il lance une grande campagne de communication pour inciter tous les Péruviens à sortir du marché noir. Toujours présent dans les zones d'exclusion, il installe des officines dans chacun des bidonvilles du pays pour que tous ceux qui le souhaitent puissent déclarer leur activité et leur patrimoine en un temps record. Ce travail permet à 1,2 million de familles et 380 000 sociétés d'entrer dans la sphère légale. Son action augmente la richesse nationale de plus de 9 milliards d'euros.

« Pourquoi le capitalisme ne fonctionnait pas chez nous ? Parce qu'il manquait une étape fondamentale et préalable au capitalisme tel qu'il fonctionne aux États-Unis, en Europe et au Japon : la reconnaissance légale de la propriété comme préalable à toute activité économique et développement », nous confie Hernando. Il faut garder en tête qu'aux États-Unis la première source de financement des start-up et des jeunes entreprises, ce sont les hypothèques qu'ont prises les entrepreneurs sur leur maison. La propriété est le préalable de tout développement économique même à échelle réduite.

S'il refuse de prendre parti dans le débat démocratique de son pays, il est régulièrement menacé de mort par les extrémistes du Sentier Lumineux. Ce groupuscule terroriste et révolutionnaire d'extrême gauche l'accuse depuis longtemps « d'être à la solde des Américains et d'hypocritement détourner les pauvres de la vraie révolution ». À huit heures du soir le 20 juillet 1992, quatre cents kilogrammes d'explosifs placés sous sa voiture et à son domicile explosent simultanément. Le bruit de la déflagration est perçu jusqu'au centre-ville de Lima, à cinq kilomètres de là. De nombreux collaborateurs de l'ILD sont tués ou blessés, mais Hernando s'en sort miraculeusement indemne. « C'est à ce moment que j'ai compris et mesuré la force et l'impact de nos idées. »

L'événement l'oblige à prendre garde, mais il renforce sa détermination. Il continue son action pour faire connaître ses idées. « Le mystère du capital, pourquoi le capitalisme triomphe en Occident et échoue partout ailleurs », son deuxième livre, est un véritable best-seller salué par la critique et traduit en plus de vingt langues. L'ILD travaille désormais avec trente-cinq autres nations dont l'Égypte, le Ghana, les Philippines ou le Mexique. Ce succès oblige Hernando à voyager énormément pour diffuser ses idées. Pour être efficace, il ne s'adresse qu'aux chefs d'État. Seuls les dirigeants ont le pouvoir et la marge de manœuvre suffisante pour bousculer le *statu quo*. L'ILD s'évertue désormais à assister les pays en développement et les anciennes nations communistes dans leur transition vers l'économie de marché.

« En parcourant les pays en voie de développement, ce que vous laissez derrière vous n'est pas le monde high-tech des ordinateurs, de la télévision par satellite ou du Viagra. Tout cela, les habitants du Caire ou de Rio y ont accès. Non, ce que vous laissez derrière vous, c'est un monde où la loi protège les transactions sur les titres de propriété et où ceux-ci peuvent être utilisés comme caution pour entreprendre. » Voilà le message simple qu'Hernando de Soto adresse au monde. Il est le premier à avoir vu que les plus pauvres sont exclus du système capitaliste non par souhait mais parce que l'administration est inadaptée. Il a dédié sa vie à ce combat. Et comme il nous confie que les membres de sa famille « ont la fâcheuse habitude de vivre vieux », nous ne serions pas surpris que dans trente ans il soit encore aux avant-postes de cette révolution silencieuse...

D'autres exemples dans le domaine de l'aide à l'entreprenariat :

Jacques Baratier est le fondateur d'une association qui lutte aussi pour l'émergence d'entrepreneurs locaux, propriétaires de leurs terrains. L'ONG Agrisud, présente en Afrique et en Asie, réclame des terrains aux municipalités de villes surpeuplées qu'elle redistribue en parcelles aux chômeurs des bidonvilles. Ils sont formés aux techniques de gestion, à l'agriculture et à la vente, et si les résultats sont probants, la terre leur est attribuée après un an. En dix-huit ans d'activité, près de douze mille entreprises ont ainsi été créées et 90 % des participants sont à la tête d'activités pérennes cinq ans plus tard. Une fois la terre attribuée, rien ne les empêche de la vendre ou d'en racheter d'autres. Un des entrepreneurs les plus malins a réussi à développer un patrimoine de cinq cents cochons, deux restaurants et deux charcuteries. Jacques Baratier l'affirme : « L'égalité des sorts est une illusion, c'est l'égalité des chances qui doit être poursuivie ! »

L'attribution de titres de propriété peut aussi avoir des conséquences heureuses pour des populations rurales, même indigènes. **Éric Julien** est un Français qui a failli perdre la vie à vingt-cinq ans car il a été victime d'un œdème pulmonaire en grimpant le plus haut sommet de Colombie. Il a été sauvé par une tribu d'Indiens, les Koguis. Une fois soigné, Éric leur a demandé comment les remercier. Ces Indiens lui ont répondu : « Aidez-nous à retrouver nos terres ! » Dix ans plus tard, Éric Julien va tenir sa promesse en levant des fonds pour obtenir les titres de propriété des terres de cette tribu. Subissant les persécutions des mouvements révolutionnaires, des narcotrafiquants et des autorités du gouvernement, cette ethnie séculaire à la spiritualité étonnante était en train de se dépeupler. En cinq ans, ce sont plus de mille deux cents hectares qui ont été rachetés et qui ont permis à plusieurs familles de se réinstaller.

En Afrique du Sud, **Beverley Moodie** s'est mis en tête de libérer les populations pauvres de leurs complexes. Elles forment des hommes et des femmes des bidonvilles du Cap ou de Durban aux éléments basiques de gestion pour qu'ils puissent créer leur propre activité. En fait, elle agit surtout sur les mentalités. À ces populations majoritairement noires, longtemps considérées comme des moins que rien par les Blancs, Beverley tente de faire prendre conscience que tout est possible avec du travail et de l'astuce. Grâce à ses programmes d'une quinzaine de jours délivrés en plus de onze langues, elle a permis la création de cinq mille petites entreprises.

Garth Japhet – *Johannesburg (Afsud)*
Fondateur de Soul City, une société qui produit des programmes de sensibilisation aux enjeux sanitaires.

Télé réalité à Soweto

Défi : *Faire passer des messages de santé publique au plus grand nombre en Afrique.*
Idée reçue : *« Le grand public est peu sensible à ce type de discours. »*
Solution durable : *Monter une société de production prospère qui donne envie aux Africains de prendre des mesures en faveur de leur santé et celle de leurs proches.*

L'Afrique du Sud, première escale de notre périple africain, est un pays complexe et difficile à appréhender. Minée par les sanctions internationales et divisée par la ségrégation de l'Apartheid pendant plusieurs décennies, la « nation arc-en-ciel » s'est engagée depuis l'élection de Nelson Mandela dans une phase de réconciliation culturelle et de développement économique périlleuse. Aujourd'hui encore, on peut y découvrir à quelques kilomètres de distance les situations les plus dramatiques comme les expériences les plus porteuses d'espoirs. À quelques minutes du centre-ville de Johannesburg, une des villes les plus violentes au monde, nous rencontrons Garth

Japhet. Ce médecin a la particularité de n'avoir jamais autant aidé de patients que depuis qu'il ne fait plus de consultations. Il est le premier à avoir compris la puissance des médias pour sensibiliser les populations aux problèmes de santé et d'hygiène. En troquant sa blouse pour un costume de producteur, il a réussi le tour de force d'éduquer son pays en le divertissant. Récit de la naissance d'un nouveau genre télévisuel : la télé réalité éducative.

Issu d'une famille où l'on est avocat de père en fils, Garth naît et grandit dans les quartiers aisés de Johannesburg. Lorsqu'il décide de se lancer dans des études de médecine, sa famille commence déjà à le regarder de travers. Mais ses proches vont définitivement abandonner toute tentative de le comprendre après une deuxième décision. Alors qu'il exerce depuis quelques années dans une petite ville proche de Durban, il ressent le besoin de quitter ce relatif confort pour aider là où il peut être davantage utile : Soweto[1]. C'est dans cette banlieue regroupant les quartiers les plus pauvres de Johannesburg que se trouve le plus grand hôpital de l'hémisphère Sud. Le jeune médecin déclare alors à ses parents médusés : « Ce que je souhaite par-dessus tout, en m'installant à Soweto, c'est m'attaquer concrètement aux vrais problèmes de santé des Sud-Africains. »

Maladies chroniques, virus contagieux ou cancers avancés, le médecin idéaliste voit parfois défiler devant lui plus de cent patients par jour. Mais ce qui le frappe le plus, ce ne sont ni la gravité des maladies, ni l'état d'extrême pauvreté ou de détresse de ses patients, mais l'ironie tragique des situations. Dans la plupart des cas, les maladies qu'il soigne sont évitables. La mauvaise préparation des aliments, l'absence de connaissances basiques d'hygiène et de simple prévention sont de petites erreurs

1. Soweto signifie SOuth WEst TOwnship, ce sont les bidonvilles du sud-ouest de la ville.

aux conséquences parfois dramatiques. Garth a toujours l'impression d'arriver dans la vie de ses malades quinze jours trop tard... Épuisé de voir sans arrêt les mêmes bêtises commises, il vit une intense période de doutes. Le profond sentiment d'impuissance le fait frôler la dépression, il pense à maintes reprises raccrocher son stéthoscope.

Mais une idée va le faire sortir de sa torpeur. Quelques mois plus tard, alors qu'il participe à la célébration d'un mardi-gras, événement très médiatique à Johannesburg, il mesure pour la première fois la puissance potentielle des médias pour passer des messages. En Afrique du Sud, la radio touche 98 % de la population, la télé 76 % et la presse 46 %. Mais ces médias ne passent que très rarement des messages de santé publique. Pour faire de la prévention, Garth est persuadé qu'il existe des formes plus efficaces que « la minute de Sœur Lydia », programme aux accents sévères et moralisateurs, diffusé quotidiennement dans les heures creuses de l'après-midi. Et même les affiches placardées dans tout le pays méritent d'être repensées. Les messages sont, aux yeux du médecin, formulés de manière trop sèche et technocratique. Ils ne touchent personne. Garth est persuadé que la prévention mérite les heures de grande écoute. Et pour cela, les messages doivent s'adapter aux médias et non l'inverse. Il faut rendre la prévention populaire. La radio et la télévision touchent des millions de gens en Afrique du Sud, et les programmes les plus regardés sont sans conteste les séries. Pour lui, c'est évident, pour être entendu par le plus grand nombre, il faut créer une nouvelle série et profiter de l'attrait de ce type de programmes pour toucher les foules. En écrivant des scénarios de qualité, on traitera habilement de sujets sensibles tout en divertissant le public. Garth a trouvé le moyen d'agir efficacement et durablement sur la santé de ses compatriotes.

En 1994, grâce au soutien financier de l'UNICEF, il produit « Soul City », son premier programme, et parvient à le vendre aux grandes chaînes, stations de radio et groupes de presse. Bien que lancé au moment des premières élections libres, période de bouleversements qui voit l'abolition de l'apartheid et l'accès de Nelson Mandela au pouvoir, le succès est immédiat. La qualité des scénarios et la modernité des messages attirent le public. Des stars du cinéma et de la télévision se bousculent même pour participer à ce qui s'apparente vite à un véritable phénomène de société. La recette Soul City est simple. Des sociologues, des psychologues et des médecins commencent par identifier les sujets d'inquiétude de la population sud-africaine. Ils imaginent ensuite les messages utiles à faire passer pour améliorer la situation, et proposent enfin aux scénaristes de les intégrer dans les prochains épisodes. Derrière les intrigues et les évolutions dramatiques, on traite de sujets aussi variés que la violence, l'asthme ou le paludisme, la malnutrition ou le sida.

Les programmes Soul City touchent désormais plus de 80 % de la population sud-africaine et leur impact est reconnu. Les auditeurs et téléspectateurs s'identifient pleinement aux héros dans des situations qui les touchent, et tirent les leçons de leurs réactions. « Grâce aux programmes, de nombreuses adolescentes ont, par exemple, découvert qu'exiger de son petit ami de mettre un préservatif n'avait rien d'incongru », assure Garth. La série phare figure chaque année parmi les trois meilleures audiences nationales. Déclinée en neuf langues et dialectes, « Soul City » a, depuis dix ans, produit plus de quatre-vingt-dix épisodes télé, trois cents histoires parlées de radio et trente-cinq millions de livrets diffusés dans les écoles. Soul City est devenue une marque connue du public qui sait apprécier la justesse des situations et l'utilité des messages. La société investit désormais dans des projets similaires dans plus de dix pays d'Afrique, du Zimbabwe à la Côte d'Ivoire. Mais des pays aussi éloignés que la Colombie ou le Vietnam ont invité Garth à dupliquer son modèle pour l'adapter à leurs propres cultures.

Comme toujours dans les campagnes de prévention, les résultats concrets sont très difficiles à mesurer. Mais les nombreuses études menées pour mesurer l'impact des programmes sur les mentalités aboutissent toujours aux mêmes conclusions. Soul City est un puissant vecteur de changement dans les comportements. Le problème du sida, par exemple, atteint plus de 25 % de la population nationale. Les études prouvent qu'il est traité différemment par les familles selon les programmes de télévision qu'elle suivent. Les téléspectateurs de Soul City utilisent deux fois plus souvent de préservatifs que la moyenne nationale, et sont moins à même d'exclure des membres du cercle familial touchés.

Les revenus de Soul City sont assurés aussi bien par la vente de programmes, le parrainage d'entreprise que l'aide au développement plus classique. Le premier contributeur, l'Union européenne, a vite compris l'efficacité du modèle. Soul City permet de sensibiliser un maximum de gens à moindres frais. Mais tout n'est pas simple pour autant. Garth nous confie que, paradoxalement, le fait d'être blanc le rend suspect aux yeux des autorités. Constamment surveillé et ennuyé par des technocrates jaloux du ministère de la Santé, il préfère adopter un profil bas en n'apparaissant personnellement jamais dans la presse nationale. Sa situation nous permet surtout de comprendre un fait. La nation sud-africaine ne va pas cicatriser ses plaies avant plusieurs générations. Mais nous sommes convaincus que ce sont des hommes et des femmes de la trempe de Garth Japhet qui vont tôt ou tard parvenir à la soigner...

Nick Moon – *Nairobi (Kenya)*
Fondateur d'Approtec, fabricant de matériel agricole adapté aux petites exploitations.

Des technologies adaptées pour entreprendre

Défi : *Favoriser le développement des zones rurales d'Afrique.*
Idée reçue : *« Cela va coûter cher car il faut assister les populations locales. »*
Solution durable : *Comprendre les besoins des agriculteurs, y répondre en les traitant comme des clients et ainsi, les aider à devenir des entrepreneurs.*

Le Kenya, dernier pays avant notre grand retour a, pour nous, comme un goût amer de fin d'aventure. Nous parcourons le monde depuis quatorze mois. Et du cap de Bonne-Espérance, la pointe sud de l'Afrique, au sommet du mont Kenya, nous avons parcouru sur ce continent plus de dix-huit mille kilomètres en trois mois. Tout au long de notre parcours, du Botswana à la Tanzanie, de Zanzibar à la Zambie, on nous a recommandé de rencontrer Nick Moon, le cofondateur d'Approtec. Mais nous avons pris un certain retard et notre date de départ se rapproche à grands pas. L'unique moment disponible, pour Nick comme pour nous, est la veille de notre vol, pour un dîner. Nous passons donc la dernière soirée de notre tour du monde en sa compagnie, dans un petit restaurant de spécialités culinaires africaines. Nous ne le regretterons pas. Cette rencontre conclut en beauté une année fantastique de découvertes et d'apprentissage.

Lorsque le problème de la « pauvreté dans le monde » est évoqué, on y associe trop souvent l'image de mendiants dénués de tout, dormant sur les trottoirs de Calcutta et d'enfants africains mourant de faim sur le sable, dans des déserts arides. Si ces situations sont évidemment bien réelles, ce tableau noir des pays en développement occulte, selon nous, la partie de la population qui incarne l'espoir de solution : les entrepreneurs. Au Népal par exemple, chaque famille a, pour subvenir à ses besoins, entre cinq et dix-huit activités économiques différentes[1]. Et donc autant de sources de revenus ! Du père fermier, électricien et guide à ses heures perdues à la fille couturière, secrétaire et vendeuse de fruits sur les marchés, ils déploient une énergie héroïque pour s'en sortir et vivre dignement. Il ne faut pas considérer les populations les plus pauvres du globe comme des inactifs assistés, ils constituent plutôt le plus large réservoir d'entrepreneurs que la terre ait jamais porté.

Souvent, pourtant, comme ils sont au bas de la pyramide, personne ne pense à eux en tant que clients potentiels. En partant de ce constat, Nick Moon a fondé Approtec, une société dont l'objet est de fournir à ce formidable vivier d'entrepreneurs, les technologies adéquates pour développer significativement, et par eux-mêmes, leurs entreprises.

---

1. Source : communication personnelle avec Laurent Chazée, le responsable du programme des Nations unies pour le développement (PNUD) au Népal.

Né à Singapour d'un père irlandais et d'une mère anglaise, Nick est un voyageur dans l'âme. Après avoir, à dix-huit ans, sillonné les routes d'Europe pour suivre les festivals de musique traditionnelle, il rentre à Londres. Pour vivre, il crée un atelier d'ébénisterie avec un associé. Très doué, il est vite repéré par de riches Londoniens amateurs de beaux meubles et se voit confier des travaux importants, payés à prix d'or. Mais en 1982, lassé par le brouillard britannique, il décide de changer de cap. Sur un coup de tête, il part en tant que volontaire dans une zone rurale de l'Est kenyan, à la frontière avec le Rwanda. Là-bas, il enseigne aux villageois son art de la menuiserie. Cette première expérience en Afrique lui fait découvrir que rares sont ceux qui parviennent à mettre ses conseils en pratique. Et ceux qui ont une chance d'améliorer leur sort ont l'esprit d'entreprise et rêvent de créer un petit atelier pour prospérer. « Autant se concentrer sur ces forces vives, ils tireront ensuite toute la population derrière eux. »

Revenu à Nairobi, il forme d'autres jeunes à Korogocho, un des bidonvilles les plus insalubres de la capitale kenyane. Il y rencontre en 1986 Martin Fisher, un brillant ingénieur américain avec lequel il lie une amitié réelle. Les deux étrangers passent des soirées entières à refaire le monde, à imaginer des solutions au développement de leur pays d'adoption. Ils s'entendent sur le constat qu'en Europe, aux États-Unis ou au Japon, la richesse se crée souvent grâce au renouvellement des technologies. Au Nord, si les technologies sont coûteuses, c'est à cause des investissements de recherche, de développement et de commercialisation. Mais on dispose dans les pays développés du capital pour investir. Ce qui est cher en revanche, c'est le temps et le travail. *A contrario*, dans les pays en voie de développement, on dispose de très peu de capital, mais le temps et la main-d'œuvre sont largement disponibles et bon marché. Cette différence est insuffisamment prise en compte pour bien comprendre l'économie du Kenya.

Nick Moon constate aussi que, sur dix Kenyans, sept sont des fermiers et neuf n'ont pas l'électricité. Pour un fermier, la principale façon d'améliorer ses rendements est d'améliorer l'irrigation. Et l'eau n'est pas rare dans les sols mais sans électricité, elle est difficile à capter. Si la géographie kenyane permettrait à plus de quatre cent cinquante mille familles de puiser dans des nappes à moins de huit mètres de profondeur, très peu d'entre elles possèdent les pompes d'irrigation adéquates. La raison est simple, pour les acquérir, il faut débourser pas moins de 200 euros, quand le revenu moyen par personne est de 287 euros par an. Ces machines intègrent des pièces détachées compliquées et coûteuses à changer. Elles ont une capacité bien supérieure aux parcelles de la majorité des fermiers et fonctionnent à l'essence dont l'approvisionnement et le prix en campagne sont assez aléatoires.

« On se trouvait manifestement devant un grave dysfonctionnement du marché. Les clients étaient là, ils pouvaient investir, mais la technologie adéquate n'était pas disponible. » En 1991, avec l'aide de Martin, ils développent en quelques mois une pompe manuelle, portable et adaptée aux besoins de la majorité des fermiers. Son prix est de 70 euros, presque trois fois moindre que les pompes courantes. Nick et Peter dessinent les outils et les font produire par trois industriels kenyans. Ils montent une société pour les revendre *via* deux canaux de distribution bien distincts : les grossistes d'outillages et des magasins labellisés Approtec, la marque qu'ils créent pour l'occasion.

Dix ans plus tard, les résultats sont étonnants : quarante-six mille pompes ont été vendues et plus de trente-cinq mille micro-entreprises ont été créées grâce à cette technologie. D'après Nick, ces entreprises engendrent chaque année une richesse supplémentaire de 37 millions d'euros, l'équivalent de 0,5 % du PIB kenyan. Plus de huit cents nouveaux clients par mois viennent investir dans un outil qui leur permet de décupler instantanément leurs revenus en améliorant considérablement les rendements de leurs terres ! L'investissement est généralement rentabilisé en moins de deux mois. En plus des emplois directs, l'activité d'Approtec a permis la création de dix-sept mille emplois supplémentaires chez leurs clients. La société est désormais présente en Tanzanie et revend ses technologies au Zaïre, au Mozambique, en Ouganda et au Malawi. Approtec ne se contente pas de simples pompes et commercialise une gamme d'outils adaptés pour le transport, la construction et la transformation des aliments. Un outil pour fabriquer des briques ou une machine pour former des bottes de foin ont été lancés ces dernières années, et accueillies avec le même succès car la seule énergie disponible est l'huile de coude.

Jane Mathcndu, par exemple, est une mère célibataire de deux enfants qui a décidé en 1998 d'investir toutes ses économies dans une presse à huile manuelle vendue par Approtec. Donnant des cours dans une école, elle se devait de trouver de nouveaux revenus pour espérer payer l'éducation de ses enfants. Une simple enquête de voisinage lui a permis de se rendre compte qu'il y avait un marché pour l'huile de tournesol. Elle a cru en son idée et ne s'est pas découragée dans les moments difficiles. Elle a vite remboursé son investissement. Aujourd'hui, elle travaille à plein temps sur cette activité, emploie deux salariés et gagne 10 euros par jour. Dans un pays où la majorité des habitants vit quotidiennement avec moins de 1 euro, c'est une véritable fortune et quatre fois son salaire de professeur ! Sa vie a radicalement changé. Elle est devenue une des femmes les plus écoutées de sa communauté et, surtout, elle est maintenant à même de payer l'université de sa première fille.

Approtec est encore en phase de développement, et le chiffre d'affaires généré par les ventes d'outillages ne couvre qu'un quart de son budget de fonctionnement. Cette entreprise de quatre-vingt-cinq salariés est encore soutenue par des capitaux privés de « business angels » qui croient au modèle, mais aussi par des fondations, et des agences de développement. Nick prévoit, grâce à une augmentation soutenue des ventes et des économies d'échelle à la production, l'équilibre pour 2008. « Là, nous aurons vraiment prouvé que le modèle d'Approtec est une solution d'avenir pour tout le continent africain. » Déjà, pour 1 euro investi dans la société, ce sont plus de 20 euros qui sont créés par les clients et utilisateurs des technologies. Ils augmentent leurs rendements, plantent des nouvelles cultures et créent de nouvelles activités pour améliorer leur sort.

Plus que l'image simplifiée que les médias nous renvoient et que nous acceptons sans poser de questions, la vraie richesse des pays en voie de développement provient sans aucun doute de ces millions d'hommes et femmes, triomphant d'obstacles inimaginables pour créer de la richesse. Il ne leur manque souvent qu'un petit quelque chose, mais qui fait une notable différence, comme l'accès au crédit, aux titres de propriété ou, comme ici, à la technologie. Salué par *Newsweek*, *Time Magazine* ou *CNN*, Nick est bien conscient du chemin qu'il lui reste à parcourir. Il se concentre sur son objectif premier : aider les entrepreneurs. Au lieu de remettre en cause l'économie de marché, il s'en sert pour permettre aux entrepreneurs motivés de développer l'économie de leur pays.

Marié et père de quatre enfants, Nick conclut notre entrevue en nous apprenant qu'il doit rentrer chez lui pour s'occuper de sa dernière, une jeune Kenyane adoptée il y a deux ans. C'est décidément par la rencontre d'un sacré bonhomme que notre aventure se conclut.

D'autres exemples dans le domaine de l'accès aux technologies :

En Inde, **Anil Gupta** est à l'origine de la création d'un réseau de diffusion des meilleures inventions rurales. Grâce à son action, plus de trente-six mille innovations ont été répertoriées et elles sont diffusées à l'ensemble du pays par des journaux traduits en douze langues. Des méthodes traditionnelles de médecine par les plantes aux engrais et pesticides naturels, le savoir-faire traditionnel est répertorié et diffusé. Les idées peuvent même être plus technologiques. Anil nous a, par exemple, montré des prototypes de climatiseurs naturels ou des fours de cuisson au soleil qui sont désormais utilisés et vendus dans tout le pays. Qui a osé imaginer que la conscience écologique exigeait de renoncer à la créativité ?

Marianne Knuth, est une jeune Zimbabwéenne qui a décidé d'agir pour les populations rurales. Alors que son pays est depuis cinq ans asphyxié par la déraison de son dictateur de président, son initiative prouve qu'il ne faut jamais désespérer de la condition humaine. Elle tente, à son échelle, de former les populations locales à l'agriculture biologique et aux techniques de construction traditionnelles. Au milieu d'une situation très sombre et dans ce pays ruiné mais qui nous a accueillis les bras grands ouverts, le travail de Marianne représente un message d'optimisme qui nous a particulièrement touchés.

Conclusion

De retour à Paris en septembre 2004, nous sommes ravis de retrouver nos familles et amis réunis de nouveau pour nous accueillir sur le Champs de Mars. Ces retrouvailles arrosées marquent la fin d'une merveilleuse aventure que nous avons rêvée, imaginée et sur laquelle nous avons travaillé de longs mois. Nous garderons en mémoire les bons moments, les rencontres inattendues, les journées de galère, les paysages, les sourires et les nombreux visages croisés sur la route. Mais, au-delà de cette fabuleuse expérience partagée à deux, le reportage a durablement modifié notre vision du monde.

Si tout le monde se souvient de ce qu'il a fait le 21 juillet 1969[1], ce n'est, selon nous, pas sans raison. La date représente à nos yeux une étape essentielle de l'évolution de la relation entre l'homme et sa planète. Lorsque Neil Armstrong pose un pied sur la lune, il devient aussi le premier homme à pouvoir admirer un coucher de terre. Son acte illustre paradoxalement deux prises de conscience majeures du siècle au même instant. La première idée, largement célébrée, est celle de la toute-puissance du génie humain. L'homme est capable de se fixer des défis aussi fous que de poser le pied sur la lune et de les relever...

1. Pas nous évidemment, nous n'étions pas nés !

Mais le film de ce qu'il voit là-haut est aussi la preuve tangible que notre planète n'est qu'une petite boule bleue. L'espèce humaine a pu constater de visu que sa planète n'était qu'une masse finie dans un espace infini. Il n'y a ni tuyau nous approvisionnant en nouvelles ressources, ni tuyau éjectant nos déchets. Et jusqu'à présent, aucune autre planète n'a été découverte avec des conditions aussi propices à la vie. Cette boule bleue a beau être un lieu extrêmement riche de vie, si l'homme gâche, pollue ou détruit ce capital, il aura du mal à en trouver un autre...

Le principal défi du siècle qui s'ouvre est, à notre sens, de réconcilier ces deux visions, en permettant à l'homme d'exercer son génie et sa créativité pour retrouver l'harmonie entre son mode de vie et l'écosystème. Deux excès doivent être évités. Le sentiment de toute-puissance doit être tempéré par les limites physiques que la planète nous impose. Mais, à l'inverse, la tendance actuelle de dégradation ne doit pas nous faire désespérer de la capacité de l'homme à répondre à ce défi d'un genre nouveau.

Finalement, les principaux freins au changement restent ceux qui empêchent n'importe quel créatif de faire les choses différemment. Il est évident qu'aucune innovation présentée dans cet ouvrage n'est en soi une solution miracle capable de résoudre par magie tous les maux du monde. Mais c'est plutôt l'état d'esprit chercheur, obstiné, créatif et engagé qui se retrouve dans tous ces portraits qui est « miraculeux ». Tous ces « alter-entrepreneurs » ont une éthique personnelle forte, croient fondamentalement en la capacité de chaque être humain de devenir acteur de changement positif. Mais, surtout, ils éprouvent un bonheur sans borne de pouvoir aligner leurs actions quotidiennes sur leur système de valeurs. Ils ont surtout l'immense mérite d'explorer les voies de solutions alternatives, à même de combiner création de richesse et humanisme, emploi et responsabilité écologique. Non contents de rêver un monde meilleur, ils participent activement à le construire.

Ce livre n'est pas un livre de recettes mais un livre d'histoires. Ces histoires montrent comment des hommes et des femmes sont parvenus à dépasser le scepticisme inhérent à l'accueil de toute nouveauté. S'enthousiasmer, valoriser ce qui marche, croire en la pertinence d'une idée encore floue peut être tout aussi intelligent que critiquer ce qui est bancal ou douteux.

L'urgence des enjeux nous oblige à sortir de la logique de la pure protestation pour imaginer et tester au plus vite des alternatives crédibles et efficaces. L'heure n'est plus aux grandes théories politiques mais au pragmatisme pour confronter les modèles à la réalité du terrain. À l'inverse de nos parents nés dans un monde en guerre froide, notre génération ne s'est jamais passionnée pour le débat idéologique. Communisme et fascisme sont renvoyés dos à dos pour leurs bilans meurtriers. Libéralisme et socialisme ne semblent plus vraiment s'opposer... Et pour tenter une formule de publicitaire, le seul « isme » qui ait aujourd'hui grâce à nos yeux est celui du pragmatisme.

Mais, contrairement aux accusations des anciens, notre pragmatisme n'est ni cynique ni amoral, bien au contraire. CNN, Internet et les nombreux voyages ont fait émerger dans nos esprits une véritable conscience planétaire. Et le Zambèze nous passionne tout autant que la Corrèze... Pragmatique, notre génération l'est aussi dans la façon de mener sa vie. Nous recherchons l'harmonie entre vie professionnelle et vie de famille, entre nos actions et nos convictions, entre un certain bien-être et la préservation de la planète et de ses habitants. Les quatre-vingts histoires de ce livre prouvent qu'il n'y a pas contradiction entre ces différentes aspirations. La seule réelle contradiction oppose l'inaction à l'action, la peur de l'avenir à une certaine prise de risque, l'envie de créer un demain meilleur à la nostalgie d'un hier disparu.

Et lorsque l'on observe les changements sociaux provoqués au XXe siècle par une poignée d'entrepreneurs, on mesure le potentiel humain à modifier la conduite de sa vie. L'électricité, l'automobile, l'informatique ou les télécommunications sont autant d'avancées qui se sont démocratisées dans le monde occidental par la volonté et l'énergie d'hommes et de femmes inspirés. Si ces changements sont loin d'avoir tous été heureux pour l'environnement, ils sont les enfants d'une époque où personne n'avait conscience des dangers physiques potentiels. Aujourd'hui, les enjeux du développement durable exigent l'émergence de nouveaux entrepreneurs, capables de combiner le dynamisme d'un Henry Ford, d'un Steve Jobs ou d'un Thomas Edison avec la promotion d'innovations durables.

Ces entrepreneurs sauront répondre aux attentes de consommateurs, de financiers, de responsables politiques sensibilisés, soucieux de faire émerger et se démocratiser les changements nécessaires. Ce sont ceux qui portent ces idées, tout autant que les sociétés qui les accueillent, qui provoquent des changements réels et durables. Aujourd'hui plus que jamais, la société est prête à évoluer pour un futur plus harmonieux. Il y a une prise de conscience réelle des limites physiques et naturelles du monde. Elles nous renvoient plus que jamais à la vulnérabilité du mode de vie occidental. Qui, demain, est capable de se nourrir, de se chauffer ou de se déplacer sans ressources fossiles ? Le paysan massai en Tanzanie, sans doute bien plus que le jeune urbain branché de Paris. Le combat pour la planète reste un combat pour la survie de l'espèce humaine, et en particulier celle de l'homme occidental moderne. Le génie naît toujours dans la douleur. La contrainte et le besoin de dépassement doivent obliger notre puissance d'anticipation et de création à s'exprimer.

Nos rencontres et nos voyages nous ont plus que jamais prouvé que la transition vers un mode de vie plus durable est à portée de main. Il est navrant de voir la place médiatique qu'occupent ceux qui se contentent de le réclamer en critiquant l'existant, alors qu'on ignore ceux qui imaginent et construisent des alternatives crédibles. Ce sont eux les vrais héros. Ce sont eux qui méritent la une des journaux. Puisse ce livre dessiner des voies à ceux qui bougent, et laisser sans voix ceux qui causent...

Notre initiative pour être neutre sur le climat

Si l'on doit faire un bilan écologique de notre aventure, le principal problème est sans aucun doute notre excessive utilisation de transports. Pour les besoins de notre reportage, nous avons emprunté train, bus, taxi, tuc-tucs, moto, mobylette, voiture, bateau et avion. En temps cumulé, c'est pratiquement un mois que nous avons passé à nous mouvoir. Compte tenu de notre souci de réduire notre empreinte écologique, nous avons pris deux décisions. D'abord tenter dans la mesure du possible de limiter les trajets en avion, bien plus pollueur que tout autre mode. Mais avons aussi calculé notre empreinte climatique, c'est-à-dire la totalité des gaz à effet de serre émis par l'ensemble de nos déplacements. Pour compenser ces émissions de CO_2, nous avions, dès le départ, prévu de financer des pépinières d'arbres.

Nous avons calculé notre empreinte climatique sur le site Internet *www.futureforests.com*. Le projet de plantation que nous finançons se situe au pied du Kilimandjaro en Tanzanie et est l'œuvre de Sebastian Chuwa, dont nous évoquons le travail dans ce livre. Notre financement permettra de planter mille trois cents pousses de M'pingo, une espèce rare d'ébène africain. La croissance de ces arbres absorbera, tout au long de leur vie, l'équivalent des 11 tonnes de CO_2 émises par l'ensemble de nos trajets. Si vous souhaitez en savoir plus sur les détails de nos calculs, ils seront disponibles sur notre site Internet *www.80hommes.com.*

Pour en savoir plus

Si vous souhaitez en savoir plus, vous avez la possibilité de visiter notre site Internet **www.80hommes.com** Vous y trouverez tous les portraits d'entrepreneurs que nous avons évoqué succinctement à la fin de chaque chapitre.

1. Agriculture durable

Brown Lester – Earth Policy Institute – Washington DC – États-Unis
www.worldwatch.org
www.earth-policy.org
Eco-économie, Lester Brown, Éditions du Seuil, 2003.
Plan B, Lester Brown, Éd. w.w. Norton & Company, 2003. (en anglais)
The State of the World, WorldWatch Institute, Éd. Norton & Company, 2005. (en anglais)
Furuno Takao – Duck Rice – Fukuoka – Japon
The Power of Duck, Takao Furuno, Éd. Tagari, 2000. (en anglais)
Gupta Anil – Honeybee Network – AhmedAbad – Inde
www.sristi.org/honeybee.html
Hirshberg Gary – Stonyfield Farm – Londonderry – États-Unis
www.stonyfield.com
Knuth Marianne – Kufunda Learning Village – Ruwa – Zimbabwe
www.kufunda.org
Koppert Peter – Koppert – Berkel en Rodenrijs – Pays-Bas
www.koppert.nl
Moon Nick – Approtec – Nairobi – Kenya
www.approtec.org

Shiva Vandana – Navdanya – Dehra Dun – Inde
www.vshiva.net
La vie n'est pas une marchandise, Vandana Shiva, Éditions de l'Atelier, 2004.

2. Architecture bioclimatique

Bergkvist Jan-Peter – Scandic Hotel – Stockholm – Suède
www.scandic-hotels.se
Bidou Dominique – HQE – Paris – France
www.assohqe.org
Lovins Amory – RMI – Snowmass – États-Unis
www.rmi.org
www.fiberforge.com
Facteur 4, Amory Lovins, Hunter Lovins, Ernst von Weiszäcker, Éd. Terre vivante, 1997.
Natural Capitalism, A. Lovins, H. Lovins, Paul Hawken, Éd. Back Bay Books, 2000. (en anglais)
Wining the Oil Endgame, Amory Lovins, Éd. RMI, 2004. (en anglais)
McDonough Bill – McDonough & Partners – Charlottesville – États-Unis
www.mcdonoughpartners.com
Cradle to Cradle, W. McDonough & M. Braungart, Éd. North Point Press, 2002. (en anglais)
Xiaoli Tang – Inbar – Pékin – Chine
www.inbar.int

3. Biodiversité (respect de la)

Chan Allen – SinoForest – HongKong – Chine
www.sinoforest.com
Chuwa Sebastian – Blackwood Conservation – Moshi – Tanzanie
www.blackwoodconservation.org
(von) Faber-Castell Anton Wolfgang – Faber Castell – Stein – Allemagne
www.faber-castell.com
Gurung Chandra – WWF/KMTNC – Katmandou – Népal
www.kmtnc.org.np
www.wwfnepal.org
Maathai Wangari – Green Belt Movement – Nairobi – Kenya
www.greenbeltmovement.org
www.wangarimaathai.com

The Green Belt Movement, Wangari Maathai, Éd. Lantern Books, 2003. (en anglais)
Marcovaldi Guy et Neca – Projeto Tamar – Praia do Forte – Brésil
www.tamar.org.br
Petrini Carlo – Slow Food – Bra – Italie
www.slowfood.it
Slow Food, the case for taste, C. Petrini & W. McCuaig, Éd. Columbia Press, 2004. (en anglais)
Slowfood France – Jean Lheritier – 01.45.51.90.44
www.slowfood.fr (mail : france@slowfood.fr)

4. Commerce équitable

Ferreira Victor – Max Havelaar – France
www.maxhavelaarfrance.org
L'Aventure du commerce équitable, Nico Roozen, Frans Van Der Hoff, Éd. Lattès, 2002
Lecomte Tristan – Alter Eco – France
www.altereco.com
Le Commerce équitable, Tristan Lecomte, Éd. d'organisation, 2004.
Le Pari du Commerce équitable, Tristan Lecomte, Éd. d'organisation, 2003.
Marcelli Hector – Bioplaneta – Mexico – Mexique
www.bioplaneta.org
Rice Paul – Transfair USA – Oakland – États-Unis
www.transfairusa.org

5. Éco-design

Anderson Ray – Interface – Atlanta – États-Unis
www.interfaceinc.com
www.interfacesustainability.com
Mid-Course Correction, Ray Anderson, Éd. Peregrinzilla Press, 1999. (en anglais)
Benyus Janine – Biomimicry – Stevensville – États-Unis
www.biomimicry.org
Biomimicry, Janine Benyus, Éd. Perennial, 2002. (en anglais)
Bergkvist Jan-Peter – Scandic Hotel – Stockholm – Suède
www.scandic-hotels.se
Kazazian Thierry – O2France – Paris – France
www.o2france.com
Il y aura l'âge des choses légères, Thierry Kazazian, Éd. Victoires Éditions, 2003.

Malaise Peter – Ecover – Malle – Belgique
www.ecover.com
Peoples Oliver – Metabolix – Boston – États-Unis
www.metabolix.com
Saraya Yusuke – Saraya Ltd – Osaka – Japon
www.saraya.com
Stahel Walter – Institut de la durée – Genève – Suisse
www.product-life.org

6. Écologie industrielle

Christensen Jorgen – écoparc de Kalundborg – Kalundborg – Danemark
www.symbiosis.dk
Erkman Suren – Icast – Genève – Suisse
www.icast.org
Vers une écologie industrielle, Suren Erkman, Éd. Charles Léopold Mayer, 2004.
Pauli Günther – ZERI – Tokyo – Japon
www.zeri.org
Stüztle Karl – Safechem – Düsseldorf – Allemagne
www.dow.com/safechem/du/index.htm

7. Éducation

Baggio Rodrigo – CDI – Rio de Janeiro – Brésil
www.cdi.org.br

8. Énergie renouvelable

Dinwoodie Thomas – Powerlight – Berkeley – États-Unis
www.powerlight.com
Roy Sanjit Bunker – Barefoot College – Tilonia – Inde
www.barefootcollege.org
Wobben Aloys – Enercon – Aurich – Allemagne
www.enercon.de/en/_home.htm

9. Gestion des déchets

Agarwal Ravi – Toxic Link – New Delhi – Inde
www.toxicslink.org
Chitrakar Anil – ECCA – Katmandou – Népal
www.ecca.org.np
Enayetullah Iftekar – Waste Concern – Dacca – Bangladesh
www.wasteconcern.org

Jacquet Thierry – Phytorestore – Paris – France
www.phytorestore.com
Sinha Maqsood – Waste Concern – Dacca – Bangladesh
www.wasteconcern.org

10. Micro-finance

Bhatt Elaben – SEWA – AhmedAbad- Inde
www.sewa.org
de Soto Hernando – ILD – Lima – Pérou
www.ild.org.pe
Le Mystère du capital, Hernando de Soto, Éd. Flammarion, 2002.
The Other Path, Hernando de Soto, Éd. Perseus Books Group, 2002. (en anglais)
Nowak Maria – ADIE – Paris – France
www.adie.org
On ne prête pas qu'aux riches, Maria Nowak, Éd. Lattès, 2005.
Yunus Muhammad – Grameen Bank – Dacca – Bangladesh
www.grameen-info.org
Vers un monde sans pauvreté, Muhammad Yunus, Éd. Lattès, 1997.

11. ONG – citoyenneté

Drayton Bill – Ashoka – Arlington – États-Unis
www.ashoka.org
www.ashoka.org/global/aw_ce_france.cfm
How to Change the World, David Bornstein, Éd. Oxford University Press, 2003. (en anglais)
Eigen Peter – Transparency International – Berlin – Allemagne
www.transparency.org
Julien Éric – Tchendukua – Paris – France
www.tchendukua.com
Kogis, le réveil d'une civilisation précolombienne, Éric Julien, Éd. Albin Michel, 2003.
Robèrts Karl-Henrik – The Natural Step – Stockholm – Suède
www.naturalstep.org
The Natural Step Story, Karl-Henrik Robèrts, Éd. New Society Publishers, 2002. (en anglais)

12. Responsabilité sociale et environnementale

Charney Dov – American Apparel – Los Angeles – États-Unis
www.americanapparel.net
Collomb Bertrand – Lafarge – Paris – France
www.lafarge.fr
www.wbcsd.org
Domini Amy – Domini Social Investments – Boston – États-Unis
www.domini.com
www.kld.com
Socially Responsible Investing, Amy Domini, Éd. Dearborn Trade, 2001. (en anglais)
Ferone Geneviève – BMJ Coreratings – Paris – France
www.bmjcoreratings.com
Hannigan Mike – Give Something Back – Oakland – États-Unis
www.givesomethingback.com
Hawken Paul – Natural Capital Institute – San Francisco – États-Unis
www.natcap.org
Natural Capitalism, A. Lovins, H. Lovins, Paul Hawken, Éd. Back Bay Books, 2000. (en anglais)
The Ecology of Commerce, Paul Hawken, Éd. HarperCollins Publishers, 1994. (en anglais)
Kingo Lise – Novo Nordisk – Copenhague – Danemark
www.novonordisk.com
Lemarchand François – Nature & Découvertes – Toussus le Noble – France
www.natureetdecouvertes.com
Naturellement, Françoise et François Lemarchand, Éd. de la Martinière.
Nirula Deepak – Nirula's – Gurgaon – Inde
www.nirula.com
Pistorio Pasquale – STMicroelectronics – Genève – Suisse
www.st.com
www.st.com/stonline/company/environm/decalog.htm

13. Santé

Green David – Project Impact – Berkeley – États-Unis
www.project-impact.net
www.aurolab.com
Haque Suraiya – Phulki – Dacca – Bangladesh
www.phulki.org

Japhet Garth – Soul City – Johannesburg – Afrique du Sud
www.soulcity.org.za
Venkataswamy Govindappa dit Dr.V – Aravind Hospitals – Madurai – Inde
www.aravind.org
www.aurolab.com

14. Transport

Lovins Amory – RMI – Snowmass – États-Unis
www.rmi.org
www.fiberforge.com
Facteur 4, A. Lovins, H. Lovins, Ernst von Weiszäcker, Éd. Terre vivante, 1997.
Natural Capitalism, A. Lovins, H. Lovins, Paul Hawken, Éd. Back Bay Books, 2000. (en anglais)
Wining the Oil Endgame, Amory Lovins, Éd. RMI, 2004. (en anglais)
Peterson Neil – Flexcar – Seattle – États-Unis
www.flexcar.com

15. Urbanisme

Lerner Jaime – Ville de Curitiba – Curitiba – Brésil
O Acupuncturo Urbano, Jaime Lerner, Éd. Record, 2003. (en portugais)

Au-delà de nos entrepreneurs, voilà une liste de livres et de site Internet où vous trouverez des informations relatives au développement durable et au voyage.

LIVRES :

1. Si vous souhaitez savoir comment vivre « durable » :
Planète Attitude, Gaëlle Bouttier-Guérive, Thierry Thouvenot, Michel Azous, Éd. Seuil, 2004.
Sauvez cette planète, Dominique Glocheux, Éd. Lattès, 2004.

2. Si vous êtes intéressé par le développement durable :

Atlas mondial du développement durable, Anne Marie Sacquet, Éd. Autrement, 2002.

Les nouveaux utopistes du développement durable, Anne-Marie Ducroux, Éd. Autrement, 2002.
Halte à la croissance Rapport au Club de Rome Donatella et Denis Meadows, Éd. Fayard, 1973.

3. Si vous êtes intéressé par les problématiques d'environnement :

L'Écologiste sceptique, Bjørn Lomborg, Éd. Le Cherche Midi, 2004.
La Décroissance, Nicolas Georgescu-Roegen, Éd. Sang de la Terre, 2004.
Le Printemps silencieux, Rachel Carson, Éd. Plon, 1963.

4. Si vous êtes intéressé par les problématiques énergétiques :

L'Avenir climatique, Jean Marc Jancovici, Éd. Seuil, 2002.
L'Économie hydrogène, Jeremy Rifkin, Éd. La Découverte, 2002.

5. Si vous êtes intéressé par les évolutions culturelles de nos sociétés :

Français / Américains, l'Autre Rive, Pascal Baudry, Éd. Village Mondial, 2004.
L'Émergence des créatifs culturels, Paul H. Ray, Sherry Ruth Anderson, Éd. Yves Michel, 2002.
Les Défis du troisième millénaire, Ervin Laszlo, Éd. Village Mondial, 1997.

6. Si vous êtes intéressé par les récits de voyage :

L'Espérance autour du Monde – Boisredon, Rosanbo, Fougeroux, Éd. Presse de la Renaissance.
Le Tour du Monde à Vélo, Françoise et Claude Hervé, Éd. Le Cherche-Midi – 1995.
On a roulé sur la Terre, Alexandre Poussin, Sylvain Tesson, Éd. Robert Laffont, 1998.

SITES INTERNET :

Liens Utiles sur le Développement Durable :

http://www.agora21.org
Portail Francophone du Développement Durable, lié aux travaux de Christian Brodhag, un expert français reconnu du développement durable. Ce portail est à la fois une porte d'entrée idéale si vous ne connaissez rien au DD et une mine d'information si vous souhaitez approfondir certaines pistes.

http://www.care.org
Le site de l'association Care International qui relaie les actions concrètes et l'actualité des projets de lutte contre la pauvreté dans les pays du Sud depuis plus de cinquante ans.

http://www.climaction.org
Le site de l'association Climaction, créé suite à l'émission du même nom diffusée sur France 2 le 2 juin 2003 et dont l'objectif est une mobilisation nationale contre le changement climatique. À noter la possibilité de calculer son empreinte climatique et l'impact de son action quotidienne sur le réchauffement de la planète.

http://www.environnement.gouv.fr
Le site du ministère de l'Écologie et du Développement durable reprend toutes les déclarations officielles prononcées par Jacques Chirac à Johannesburg et Tokia Saïfi – la secrétaire d'État – aux différentes réunions nationales et internationales. Il présente quelques définitions et enjeux et expose la stratégie nationale ainsi que l'actualité de l'engagement français en terme de développement durable.

http://www.futureforests.com
Ce site propose de calculer le CO_2 émis annuellement par chacun d'entre nous afin de montrer qu'en parrainant la plantation d'arbres dans des forêts (au Mexique, en Inde, en Allemagne ou aux États-Unis), on peut réduire, voire annuler notre impact sur le réchauffement climatique.

http://www.manicore.com
Le site de Jean-Marc Jancovici, consultant et auteur de nombreux ouvrages présente ses travaux et publications en revenant sur des idées reçues concernant le nucléaire et l'effet de serre. C'est un bon moyen de comprendre certains enjeux sur l'impact des activités humaines sur l'environnement. À noter qu'il était le consultant principal de l'émission Climaction (voir ci-dessus).

http://www.sustainability.com
Ce cabinet de conseil dirigé par John Elkington fait figure de pionnier en Europe de la promotion du développement durable au sein des grands groupes internationaux. Il fait de la recherche et conseille de nombreuses multinationales et publie énormément de cas réels de « best practices ».

http://www.transparency.org
Le site de l'association Transparency International qui lutte quotidiennement contre la corruption. Une des conditions premières d'une bonne gouvernance et donc d'un développement durable.

http://www.wbcsd.org (World Business Council for Sustainable Development)
Ce groupement de plus de 160 multinationales présentes dans vingt principaux secteurs d'activité œuvre à la promotion des valeurs de développement durable dans le monde des affaires. Sur ce site web figurent de nombreux cas et bonnes pratiques mettant en avant les concepts d'eco-efficacité, d'innovation et de responsabilité sociale et environnementale des entreprises.

http://www.wwf.fr
Le site francophone du World Wildlife Fund qui présente quelques-uns des 12 000 programmes de protection de la nature pilotés par l'organisation. Le site offre la possibilité de calculer son empreinte écologique globale de manière ludique.

http://www.yannarthusbertrand.com
Le site du célèbre photographe Yann Arthus-Bertrand, auteur de *La Terre vue du Ciel.* À noter la rubrique « Comprendre la Terre » qui présente quelques chiffres et enjeux du Développement durable, et qui a été réalisée par le cabinet de conseil BeCitizen.

Liens Utiles pour les voyageurs :

http://www.millesoleils.com
Le site du Tour du Monde de l'Espérance, premier projet avec témoignages en direct sur le web et dont le livre est devenu un best-seller. À noter : une rubrique très complète de conseils sur « comment monter son projet ? ».

http://www.abm.fr
Le site de l'Association du Bout du Monde créée en 1988 et dont le but est d'encourager le voyage individuel proche ou lointain, d'un style simple et naturel, dans le respect des pays visités. Une mine d'or pour les voyageurs.

Index des thèmes abordés

Agriculture durable

Architecture bioclimatique

Biodiversité

Commerce équitable

Éco-design

Écologie industrielle

Éducation

Énergie renouvelable

Gestion des déchets

Micro-finance

ONG – citoyenneté

Responsabilité sociale et environnementale

Santé

Transport

Urbanisme

Remerciements

Nous tenons à remercier l'ensemble de celles et ceux qui nous ont aidés dans la préparation de ce projet et l'écriture de ce livre.

Parmi eux, nos parents, Gilles et Michelle Darnil, Philippe Le Roux et Martine Salomon, Maria Fernanda Passos, Estelle Darnil, Sabine Fritzen, Edwige Blanc et tout particulièrement Maximilien Rouer. Leurs conseils avisés et leur soutien indéfectible nous ont guidés tout au long de ces deux années.

Nous remercions aussi toutes les personnes sans lesquelles le projet n'aurait jamais pu voir le jour : Marie Christine Lanne de Generali, Pascal Cagni d'Apple, Claude Chollet de Beaufour Ipsen, Anthony Sarabezolles, Graciete Diaz et Patrick d'Astrolabe, Guy Bourreau de Canon, Aimery de Moucheron de Mister Brown, Gilles Fourchaigüe de Citroën, Joël Joly des bourses Défi Jeunes, Patrick Heintz du Conseil général du Var, Martin Chassang et Florence Bosque, Catherine Sabag d'IGN, Michel Picard de Lafarge, Maud Renouf de la Course en Solidaires, Xavier Bodart d'OTU Voyages, Jean-Louis Baju du Rotary Club de Toulon Cap Brun, Olivier Monfort de Solvay, la librairie Astrolabe, les imprimeries Dulac, le restaurant Dans le Noir, Éric Lehéricy du Conseil régional de Basse Normandie, et Pascal Baudry de WDHB Consulting Group, et toute l'équipe de Key People, Philippe Le Roux et Emma Coratti en tête.

Nous remercions aussi tous les entrepreneurs qui nous ont reçus et consacré du temps. Et plus particulièrement ceux qui ont commenté cet ouvrage : Paul Hawken, François Lemarchand, Karl-Henrik Robèrts, Bertrand Collomb, Peter Eigen, Cédric du Monceau et Nicolas Hulot.

Enfin, nos remerciements vont à notre éditeur Laurent Laffont qui nous a fait confiance et qui contribue activement, à travers les témoignages exemplaires qu'il publie, à faire progresser le monde.

Ce livre a été imprimé sur du papier provenant exclusivement
de forêts plantées et cultivées expressément
pour la fabrication de pâte à papier.
Ce volume a été composé
par IGS-CP

Impression réalisée sur CAMERON par
BRODARD ET TAUPIN
La Flèche
en mai 2005

Imprimé en France
Dépôt légal : mai 2005
N° d'édition : 68128-03 – N° d'impression : 30261